文創地圖

指引，一條文創的經營路徑

周鈺庭 ———— 著

Cultural and Creative On the Move

前言

「鈺庭，這次調區我們想改個風格，加上這樣的設計……」
「等等等等，讓我們先調出店面的店歷卡出來，先掌握當時開店的原型，再來看現在我們需要什麼。」

這是我自1992年進入誠品工作，二十多年工作的日常場景之一。不論是在門市的改裝調區、產品開發的腦力激盪，或是對新品牌上市的沙盤推演，透過一場場的實作與不斷集思廣益的學習，逐步累積出我對於文創內容經營的一些經驗。

文創產業界人才薈萃，大家輩出，讓我在業務環節中，向先進多有學習。但也有感於對許多準備進入文創領域的新人來說，缺少一個結合實務，可以按部就班學習的方法。這本書是我在二十五年來的學習、轉化、教導，文創生涯的心得體會及經驗之談，希望能提供給大家做為參考。

這本書也整理了我在文創領域中，為事業提供藍圖，把脈診斷，帶領團隊的一些心法。面對業務任務的擴大，主管必須具備有領導統率全局的能力，希望透過書中的方法，讓閱讀本書的領導者，能逐步養成具有整體系統的觀念，抓住重要環節，依據客觀情況正確決策，並組織決策執行的才能。

一開始我會針對文創的經營，提出在規劃的時候需要具備的知識、注意的事項，以及要對哪些細節進行考慮，並從英國發展文創的歷程為例出發，學習文創經營規劃的步驟。同時分享透過分析與觀察尋找目標顧客、進行價值傳遞的關鍵要素、建立有品牌特色的商品結構，以及建立與組織團隊的方法。

接著在文創商品的經營面向，主要介紹文創價值的傳遞。這部分，不但要瞭解商品蘊含的文化特色與故事，同時對於當下生活及消費趨勢變化也要精準掌握，所以我們從趨勢觀察的養成、開發採購的專業訓練、呈現美感的陳列方法，以及暢談讓商品故事更立體化的行銷策展，然後細談品類經營的要點，學習預測市場以及開發產品的方法。

經營好一個品牌，就是經營好內容，包含了空間、活動與商品的內容。而其中最重要的是，要掌握經營品牌的商業模式，藉由在其中找到可以槓桿的支點，為品牌尋求轉型的路徑與方法。最後，我將以誠品為案例，透過研究三家定位差異的零售通路品牌，探討面對轉型的契機與未來發展機會。三家調研品牌分別為休閒娛樂定位的高雄大魯閣草衙道購物中心、全方位零售定位的新竹遠東巨城購物中心，及生活提案定位的日本蔦屋書店，每個品牌雖然都有各自不同的價值主張和策略方向，但只要懂得借鏡學習，就有機會在跨領域的商業模式中，看見創新的新思路。

文化的耕耘，本來就是歷史的長河。從一個為文創土壤增添養分的心願出發，整理我的經驗為大家所用，願能拋磚引玉，吸引更多人為文創產業與文化發展盡一分心力。希望閱讀此書的朋友們，帶著我這份經驗地圖，展開屬於你的文創之旅。

文創，人與人之間的
情感交流

電影導演　陳坤厚

鈺庭是我女兒靜慧的同學，從學生時代就常來我家，她愛喝我泡的茶，每次來家裡，我會從溫壺、熱杯，然後好好泡一杯茶奉上；鈺庭會雙手捧起杯，微笑地看著我，慢慢地品飲，在那個年代，也算是種風雅吧。飯後，兩個女孩在水槽前洗碗，有說有笑的，我遠遠看著兩人的背影，拿起相機拍了一張她們的背影的照片……三十年了，我們家一直把鈺庭當自己家的小孩看待。

上了大學，聽說她到誠品打工去了。大學畢業，又聽說她到誠品上班了。哇！好羨慕！當年的敦南誠品，是所有人都要去朝聖的文化聖殿。對於愛看書的孩子們來說，能夠有個地方讓他們可以找本書就席地而坐、直接閱讀，這書店的老闆太慈悲了。就如同鈺庭在書中寫道：「容易接近」，是在確保大家有平等接觸文化、藝術的機會，這也正是誠品的初衷：「與人為善，分享幸福」。

接著，鈺庭忙著她的工作，我也忙著拍我的電影。一陣子之後，聽女兒說，鈺庭最近很少在國內，到世界各地採購文具，我心裡想……不就是一支鉛筆、一個橡皮擦，何需如此奔波？終於，看到誠品的文具，是如此特別而有創意，這就是書中所提到「將文化內容轉化為商品和服務，為顧客創造獨特體驗」的意思吧。我是真的常去逛誠品的文具部門，些許的消費，極大化的享有。偶爾想買貴一些的商品奢侈一下，就會打電話給鈺庭，「過來幫我簽個名打個折」。在忙碌之中，我們總有時間站著聊幾分鐘，說說她工作不但快樂，更學習了許多，看到她用這樣的態度尊重自己、也尊重自己的工作，讓我心中感到一份驕傲。

不知是哪一年，鈺庭帶來一份月曆，極其精美，是名家之作，她說這是她從世界各地採購來的商品。從此以後，我們每年都會收到她送來的新月曆。只是，可能因為工作忙碌的關係，經常收到月曆時都已經跨完年了——我可以想像早就挑好的月曆放在辦公桌旁，就是沒時間送過來的鈺庭的心情，只是對不起了一月的畫

面，因為經常掛沒幾天就要被翻頁了……。直到現在，我們家的那面牆還是365天天天掛著鈺庭送來的月曆，然後年底到了，翻到最後一個月，心裡總會想起鈺庭：「不知道這孩子最近在忙什麼？都沒來看我……」然後就會拜託十二月的畫面，請它再努力一下，新一年的月曆很快就會到了。

不可思議的，一份月曆就做到了人與人之間的情感交流，讓我們彼此經常想起對方，年復一年地在我們之間扮演著重要角色，這就是文創的魅力，也是鈺庭如此投入文創產業的原因吧。

蘇州誠品開幕後，不斷聽聞朋友讚嘆那裡的氛圍和魅力，我到這幾年才有機會前往造訪，蘇州誠品特地安排了專人為我們作導覽。來到入口處，72階樓梯的氣派映入眼簾，耳裡傳來生動的導覽，心裡卻似乎看到開幕前的籌備階段，鈺庭在這裡不知上下奔波了多少回的模樣……蘇州誠品，讓我體驗到了鈺庭經常眼睛發亮地和我述說的誠品未來。回到臺北，我特地把她找來誇讚了一番，因為她真的領同團隊，一起在蘇州實現了誠品的夢般樣貌。

身為鈺庭的長輩，我衷心感謝誠品培養她這三十年扎實的學習與實作經驗，讓她得以在文創這個產業閃耀發光。

這兩年，她從公司退下來了，又有時間來家裡喝我泡的茶，還是三十年前那張桌子，我溫壺、熱杯，泡杯好茶奉上，她還是雙手捧著杯，微笑看著我，慢慢啜飲品味，還是十五歲的她，但已經擁有滿腹經營書店、文創營運的學問了。那天，她捧著大作《文創地圖》來向我討個序，拜讀之後我突然有個想法，如果鈺庭十八歲時就跟著我拍電影，現在肯定是位大製片家，肯定也為電影寫了一本《文創地圖——指引，一個故事的影像路徑》。

以文化為底蘊
開啟人們全新生活體驗的一把
人生鑰匙

臺灣大學財務金融學系教授　李存修

面試的日子，我們幾位教授都對出現在我們眼前這個女孩有些好奇，完全沒有財金背景，工作也非這方面的專業，莫非……她打算轉業？我們問她為何要來報考臺大財務金融EMBA，她想了想，回答說「因為這部分正是我不懂的。」這是和鈺庭的首次碰面。

鈺庭雖然非財金專業出身，但對財務是有概念的，多年高階主管經驗，造就她在經營管理層面的熟練。記得鈺庭曾經說過，看年報、讀財務報表是她的興趣之一，學習的過程不時看到她拿著各樣的資料，向同學們詢問不懂的地方，班上同學多是企業主與專業經理人，都成為她諮詢的對象。在這裡，我看到她力求甚解的求學態度。

臺大EMBA推動以學習者為中心之討論式個案教學方法，學生們從自己的專業領域出發，訂定研究論題。鈺庭入學時，學習計劃中所訂定的長短期目標，在建立大中華地區最完整的供應鏈平臺，帶領臺灣成為全球文創匯流中心，拓展全球市場。多年的工作經驗，讓鈺庭自有一套文創經營規劃的方法，再透過財務金融面的學習，導入學術性的探討，讓她在文創營運上的論述更具邏輯、更有條理。

當還是學生的鈺庭，念茲在茲都是所服務企業的發展與未來。如今邁入人生另一個階段，想必更能掌控自己的時間，也有機會接觸更多跨領域的朋友。我不只一次建議她，將所學與所為整理成冊，與更多人分享她的經驗。今天拿到鈺庭的著作，從書的內容，很清楚感受到她扎實地將三十年的工作經驗，結合EMBA所學，提出了一套完整並且實用的文創經營管理方法。

若將文創產業形容為一個人，那麼，「創意」和「管理」，就像是一個人的左右腳，彼此發達而平衡地行進，路才走得遠、走得好。臺灣擁有蓬勃的創意能量是無庸置疑的，然而，若不能有系統地將文創的內容商品化、品牌化，是無法有效展開文創的經濟規模。鈺庭的《文創地圖》涵跨了文創產業跨部門、跨領域的所有要素，統合資金、通路、行銷、商品……，深入淺出地呈現文創經營地圖的全貌。我相信，對文創產業有興趣，或已加入文創行列的朋友們，都可以透過這本《文創地圖》所提出的商業模式結構，自我檢視問題點與機會點，建構更具未來性的經營藍圖。

認識鈺庭的人都知道她對臺灣文創的投入與期待，也佩服她在文創產業的專業成就，更希望她能將她的經驗分享給更多的人。我期待這本《文創地圖》能成為鈺庭的觸角，結緣更多文創人，一起讓臺灣的文創產業發光發熱！

線上、線下
都在同一張地圖上

Pinkoi 共同創辦人 顏君庭

2018年一個暖冬的早晨，我與兩位Pinkoi共同創辦人用一杯咖啡的時間，邀請鈺庭聊聊文創產業中的苦與樂，那天我們從趨勢延伸到策展，從實體連結到網路，從文化中感受人文情懷，從款待客人的細膩體驗文創。言談中，我們感受到鈺庭在文創領域深刻的人文和商業素養，透過她的帶領，開啟我們對於文創地圖有了更多具體想像。

如果形容那天的早晨，是個吉光片羽的時光旅行，那麼手上的這本《文創地圖》，更像極了在地嚮導精心安排的旅行散策。我在閱讀這本書時，更能細細咀嚼上次時光旅行錯過的線索與景點，在頁與頁之間，按照自己的步調給自己適當的留白與思考，迷惑的時候，可以隨意地翻閱找尋旅途中的靈感。

鈺庭在《文創地圖》中提到，文創產業經營的首重，在提高記憶佔有率（Share of Mind），進而到偏愛佔有率（Share of Heart），跟網路產業常常提到的 "create products customers love" 有著一樣的哲學思考。為了提高上述這兩個指標，就需要在遊逛的過程中用心感受顧客的痛點，增加他們愉悅的利益點，並有策略地提出改善方案降低痛點，搭配趨勢、選品、陳列、策展，透過體驗、氛圍、服務，甚至是購買後品牌印象的建立，持續提高顧客的利益點，這是《文創地圖》提供的思考脈絡。

更令人驚喜的是，若將書中的指引套用到網路事業，也完全無違和感，在此我們稱之為所謂的成長駭客（growth hack）精神，也就是期待每個來到我們首頁的訪客，能透過不同的主題策展專區，來發掘獨特的品牌和商品，同時活用平臺購物喜好的大數據，主動推薦顧客可能會喜歡的商品，在不同頁面的遊逛動線中，以一致的品牌質感氛圍，提供獨特的個人化體驗；連結到結帳的流程，也希望用清楚的介面引導，讓顧客用最少的點擊，就可以輕鬆完成結帳。為了款待客人提供最好的體驗，需要多元且不同專業的人才，彼此團隊合作才可能達成：有使用者行為研究員去發掘客戶痛點、有產品介面設計師持續優化顧客的動線、有工程師和資料科學家透過大數據分析主動推薦顧客可能會感興趣的商品、有採購負責挑選品牌和商品、有行銷企劃搭配趨勢訴說文創品牌的故事……透過科技網路的串連，有許多來自世界各國的設計師們像達人一樣跟每位客人聊文創也搏感情，客人打開商品時，一張設計師親筆寫的卡片，簡單的謝謝和設計背後的故事描述，都能讓商品、顧客和設計師有了更多有感的連結。

Pinkoi正在文創產業發展的經營路上，很開心有幸能在那個暖冬的早晨，在咖啡的陪伴之下和鈺庭進行了一場對話，也很驚喜書中的誠品經驗和商業路徑都能有系統的運用到線上與線下，不論你是否在文創路上，相信你都能在《文創地圖》中找到你的桃花源，一起讓文創產業更好！

目
Contents
錄

第二步》按著地圖，朝正確方向出發

第三步》用商品，規劃經營的路徑

目
Contents
錄

再一步》定期更新，探索創新

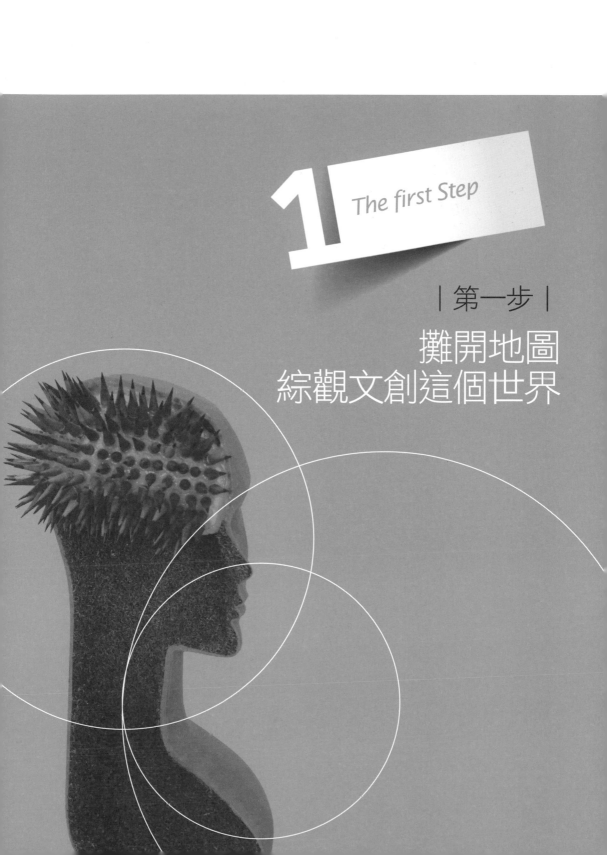

1

The first Step

| 第一步 |

攤開地圖
綜觀文創這個世界

Creative Britain
New Talents for the New Economy

BERR | Department for Business
Enterprise & Regulatory Reform

Unlocking talent

Department for
Innovation,
Universities &
Skills

文創地圖｜指引，一條文創的經營路徑

第一章 文創是什麼？

文創產業是近年來特別受到關注的產業，文創顧名思義就是文化與創意的結合，文化借由創意來補充、加強其原有的意涵，挖深文化的力量與深度，不是在反覆消費傳統和既有的文化概念，而是要在現今的環境下，讓消費者逐漸重視生活美學並養成個人風格，融合發展成為具有成長動能，並能促動就業與參與人數，又能保有原創與高度創新性的文化創意產業。

探討文創的經營規劃 ，我們應該從建立知識系統，以及可供發展的整體思維開始。

由於全球化的趨勢以及快速進步的科技，許多產業發展不再侷限於既有的經營內容。經營上，一方面思考要如何運用既有的資源擴大邊際效應，來提升市場佔有率；一方面也要借由產業之間的資源共用、優勢互補，來提升顧客的利益與價值。

2008年的「創意英國」（Creative Britain-New Talents for the New Economy）政策，宣示了文化創意產業的四個主題與價值，完整考量創意產業發展，更將產業所必須之人才、創意、商業、智慧財產權等要素列入政策規劃。

首先我們先來理解文化創意到底是什麼

聯合國教科文組織給文化的定義是，對於社會或者一個社群，有獨特的精神、物質、知識和情感層面的特徵，這個定義裡包含了藝術、文本、生活風格和群體的生活方式，以及價值觀、傳統和信仰。

文化創意是將文化的內涵，透過創意型式的表達，賦予新的風貌與價值。世界創意產業之父，英國創意文化產業研究專家約翰‧霍金斯（John Howkins），提出創意經濟的15個核心產業，使創意產業有了一個明確的產業範疇。這15個核心產業包括：廣告、建築、藝術、工藝產品、設計、時裝、電影、音樂、表演藝術、出版、研發、軟體、玩具與遊戲、電視與廣播、線上遊戲。如果我們從出版產業來看，從作者、編輯、美術設計、印刷、發行，到書店陳列與行銷人員，都在各自的崗位上貢獻創意，為整個出版產業鏈創造累加的文化價值。

創意英國：
以文化為主軸的產業政策

那麼我們如何進行文創的經營規劃呢？

近幾年來，世界各國積極推動文化創意產業的發展，包括經濟與文化成熟發展的先進文化大國，如英國、美國、日本；或者亟欲突破傳統代工定位、從製造代工（OEM）轉型為設計代工（ODM）的新興亞洲國家，如中國、韓國、泰國等；他們都已經意識到文化創意產業帶動國家經濟成長、產業升級的能量，以及在城市行銷上所能創造的高附加價值，無不將文化創意產業政策視為國家的重點計劃。

現在讓我們透過英國文創發展歷程的分析，一起學習值得借鏡之處。

英國文創產業的成功，興起全球一股跟隨的旋風，小說改編成電影的《哈利波特》、BBC製播的《新世紀福爾摩斯》，以及在各個相關文創機構、博物館、美術館、文創人才育成的大學，都可以看見英國為文創產業發展架構出的健全網絡。繼英國之後，許多國家也參考英國提出以文化為主軸的產業政策，相關的應用也被廣泛討論。這裡我們先來瞭解英國在發展文創，經歷了哪些過程：

第一階段。分別在1998年與2001年提出的「創意產業圖錄報告」（Creative Industries Mapping Document）。
當時英國政府推行的政策，都以實際而精確的數字來評估成效。所以在研究創意產業上，也以數據進行精確評量，報告中強調各個產業的盈收、就業與出口三大經濟指標，並建立了創意產業相關的統計與分析資料。

第二階段。2007年發佈「保持領先──英國創意產業的經濟表現」（Staying ahead－the economic performance of the UK's creative industries）。
在這份報告中，英國政府確認了八項影響創意產業績效的因素：需求、擴大多樣化、競爭場域、教育與訓練、創意網絡、公部門的補助、智慧財產、協助中小企業成長。這八項因素必須透過政府與產業界的合作，才能讓創意產業持續發展。

第三階段。2008年的「創意英國」（Creative Britain: New Talents for the New Economy）政策。

這一個政策宣告了文化創意產業的四個主題與價值，完整考量創意產業發展，更將產業所必須之人才、創意、商業、智慧財產權等要素列入政策規劃。並強調，這些內容必須具備有容易接近（Access）、教育（Education）、表現卓越（Excellence）、經濟效益（Economic value）四種功能。

容易接近（Access）

確保每個人有平等接觸文化藝術的機會。以兒童與青少年為對象，推動能引導他們參與文化活動的計劃。例如，制定每週一定的時數，引導兒童及青少年參觀展覽、博物館與美術館，參觀文化遺址，學習樂器演奏，表演音樂或演唱，參與戲劇與舞蹈表演，使用圖書館與資料庫服務，鼓勵創意寫作或聆聽作家演說，學習並製作影片（數位或新媒體藝術），創作視覺藝術或工藝等。

教育（Education）

包括教育、推廣及實習與獎勵措施等內容，引導學術機構培育學生，養成具備對創意經濟所需要的技能，並支持校際、校企合作，達到資源共享與產業聯結；鼓勵企業員工與技術提供者建立發展新創意的學習場所，透過更多的交流來培育創意技能。不論是學校的教育或是企業的課程，都不能扼殺創意的火花。

卓越（Excellence）

政府花在輔導文創產業上的每一份資源，必須用在最新、最不容易被大家關注的事務上。例如，為了推動支持創意聚落的發展，政府會盤點在發展過程中所需的基礎建設，像寬頻建設的投資，就是為了事先排除對市場未來發展會造成的限制。

經濟效益（Economic value）

確保創意產業裡的經濟與就業狀況，能受到政府的認可與輔導。積極鼓勵市場資金投入創意產業作為企業週轉基金，也歡迎創意產業提出經濟分析，來向資金提供者證明，該投入領域雖具挑戰性，仍具備安全融資的可行性。

在穩固發展文化產業的基礎上，英國於2014年6月又發佈了「英國創意產業──國際策略報告書」（UK Creative Industries-International Strategy），報告中政府和產業共同努力確定了三個「Big Wins」：

一、與最具潛力的海外對象合作，發展夥伴關係，以創造新業務。

二、在全球大型項目中，創造英國創意產業服務及商品供應鏈機會的最大化。

三、專注推動外資企業對英國創意產業的投資。

這三個方向，目標在幫助創意產業加速出口增長，並增加外來投資的戰略項目。這份策略報告書充分展現了英國帶領產業積極佈局國際市場的企圖。

英國數十年文創產業發展的歷程，讓我們看見文創軟實力成為帶領國家經濟前進的動能，運用文化創意的思維，來帶動產業的發展和升級，實現文創的價值產值化。同時把握科技與創意跨界合作的機會，來帶動美學經濟，打造具豐富文化及創意內涵的社會環境，保障文創產業生態圈裡充沛的養分和資源。

2014年的「英國創意產業─國際策略報告書」（UK Creative Industries-International Strategy），展現英國對支持創意產業佈局國際市場的企圖。

文創經營規劃的四個步驟：
分析、建模、支點、推展

借鏡英國發展文創產業的歷程，在此提出以下四個步驟，包括在進行
文創經營規劃時，需要具備的知識，與必須留意的細節。

步驟一，進行分析：
這裡的分析包括了量化與質化的分析。
在目標客群、市場研究、商品結構、供應商開發等項目上，實際蒐集
數據並分析比較之後，再依此進行質化分析。分析時，對產業的知識
深度及廣度，將是決定分析程度的關鍵，因此平日的管理訓練，要為
解讀數據、產出分析打下基礎，才能作為決策和行動的依據。

步驟二，建立模型：
一個涵蓋全局的商業模型架構，讓團隊在敘述和討論時，可以用共同
的語言進行策劃改造與轉型，訂定相同的座標與清楚的方向。為文創
建構經營模型時，必須兼顧顧客、供應、財務三個面向，如此才能將
商品流、服務流、資訊流與金流的業務內容涵蓋進來。

步驟三，決定支點：
若我們要從原有的營業內容擴大經營文創，必須先找到改變與創新的
支點在哪裡。看是要延伸原有內容增加文創體驗互動，來提高顧客來
店頻率；或是新成立一個文創主題專區，一方面提升現有空間績效，
一方面也為顧客創造新的購物體驗……。像這樣，有了清晰的支點，
就可以依此建立計劃的主軸。一個事業的轉型，通常包含了多個創新
策略，有了清楚的起點與路徑，就能在過程中有個檢視的依據。

步驟四,推展計劃:

依據轉型支點展開的推展計劃,具體包含組織改造計劃、流程變革計劃、接著訂出具體績效目標,由各自的負責人按照進度推進各項計劃。

由於產業和市場的快速變化,我們運用上述四個步驟進行事業轉型規劃時,除了關注目前業務要調整的現況外,更應該找出所屬產業裡蘊含的商機。從現在的生活趨勢中,找出哪些領域有機會作短期和長期的投入、哪些是可以促動事業成長動能的創新主軸。創新是科學與藝術的結合,在學習邏輯性技術之外,更要有建構夢想的願景,與熱情迎向挑戰的心態!

本———章
傳授心法

- 借鏡學習英國數十年來發展文創的歷程,從精確的分析評量指標、專注支持發展的政策,一步步將文創的價值產值化,使其成為帶領經濟成長的動能,並在文創的經營規劃,建立基本輪廓的認識。

- 進行文創經營規劃的四個步驟,從進行分析、建立模型、決定支點、到推展計劃。記得!過程中隨時保持彈性與觀察力。

第二章 文創，創造顧客獨特體驗

文創經營的規劃，在思考如何善加運用創意，將文化內容透過商品及服務，為顧客創造獨特體驗的整個過程。因此，我們必須針對顧客對象做明確的分析與評估，察覺顧客已知及未知的需求，找出我們目前的位置（在哪裡）、未來的方向（往哪去），和執行方法（怎麼做）。

再一次清楚勾勒出顧客的樣貌，讓我們在規劃文創經營的時候，能提供更好的價值給顧客。這些最基本的課題，是幫助我們在面對未來發展時，能擁有更明確和清晰的方向。如何勾勒顧客樣貌？在此提供兩種作法。

分析顧客消費行為與
購買內容

店家可依據消費的數據進行系統化的分析，其分析指標有顧客、商品這兩個面向。

顧客面的分析有：顧客的購買頻率、購買總額，特定購買區域以及特殊季節性的消費行為。

商品面的分析有：品類的銷售佔比、品類的銷售關聯，以及不同區域的購買差異。

透過這兩個面向的指標，可以分析出顧客的貢獻度，與顧客的商品偏好類型，接著我們就以上述分析為基礎，開始更新相關內容的空間設計、商品開發，與活動安排，來更有效而直接的接觸設定的目標客群。而藉由這樣的研究開發，所創造出來的品類魅力，同樣也能引起新顧客的興趣，而加入購買。

舉例來說，當我們從分析中發現，消費頻次較高的顧客與建築設計或旅遊類型商品購買的關聯性，就可以在文創商品規劃時，提出以各國經典建築為主題，並透過建築意象的轉化，以更親近的商品設計，與顧客對話。運用這個模式，我們也可以分析所得的資訊，與合作文創商品的設計師，有計劃的進行新品開發，連結顧客的喜好，讓他們購買收藏。

引發顧客共鳴：
持續觀察分析顧客的日常

舉行內部的腦力激盪，能讓我們得到各部門單位對顧客的觀察與觀點，尋求引發共鳴的交集。除了內部的看法，當然也可從外部聽取不同領域專家的意見，盡可能收集多樣觀點，然後歸納至兩個方向，一個是顧客感受痛苦的痛點，一個是顧客感受愉悅的利益點。

思考一下，我們可以為顧客的痛點提供什麼樣的止痛劑？該用什麼樣的方法，減輕顧客不愉快的感受？
而歸納顧客利益點，則讓我們學習到更多增加顧客愉悅感的方法，並進一步思考，可以透過什麼樣的商品或服務，為顧客創造更大的利益和價值。

舉例來說，許多書店會以極具特色的建築與空間設計吸引一批又一批的觀光客前往參觀，既然讓顧客在空間裡感受到了愉悅，為何不考慮引導進入更深層的溝通，來擴大這個愉悅、來延續這樣的喜悅感。

如果說，一家書店是城市裡最美的座標，那麼它除了收納有最豐沛的圖書內容之外，還可以成為那個城市海納文化百川的殿堂。透過商品開發、體驗活動，有脈絡地將當地的文化特色，介紹給來自各地的讀者朋友，連結當地有紀念意義的節慶，在書店與其延伸的活動空間，規劃具特色的文化嘉年華會。點點滴滴的積累，都能讓顧客感受到書店深化經營的用心，自然產生再度光臨書店的期待，參與活動的動力也會隨之增加。

2018年5月，誠品在臺灣東岸的花蓮開設了一處新據點，定位是「探索，尋無限；歸屬，就是家」。

花蓮店的設計，集合了當地特色的人文和物產，希望透過情境陳設，提供在地居民們家鄉的歸屬感，並讓來自各地的觀光客感受到花蓮文創的精彩。店內與當地藝術家和學生們共同創作192朵雲朵造型的雲燈，就是以此為目的而做的設計，如今這192朵雲燈，已成為店內獨特的裝置藝術，光臨誠品花蓮店的顧客，無不拍照分享，間接為花蓮誠品做到不少的宣傳。除了雲燈，入口處的光牆也是採用當地攝影師所拍攝的東海岸鯨豚。當然，若有出身花蓮作家的簽名會，花蓮誠品自然是不二之選，店內也設置專區，擺設返鄉作家們以花蓮為題材的書寫創作。

讀者們在店內遊逛時，就能感受花蓮的海洋、山林、縱谷和聚落的風貌，離開時帶走的一本書或是一件工藝品，將成為顧客重遊花蓮的情感牽繫，延續著對這片土地的印象。

> 誠品花蓮店的設計，店內與當地藝術家和學生們共同創作192朵雲朵造型的雲燈，入口處的光牆也是採用當地攝影師所拍攝的東海岸鯨豚，透過集合了當地特色的人文和物產的情境陳設，提供在地居民們家鄉的歸屬感，並讓來自各地觀光客感受到花蓮文創的精彩。

鎖定目標客群：
建立商品與顧客的正確關係

當代行銷學之父——菲利普‧科特勒（Philip Kotler）在《行銷學原理》中提到，「有效的行銷，是針對正確的顧客，建立正確的關係。」具體方法就是透過市場區隔（segmentation）→選擇目標市場（targeting）→定位（positioning）的過程，由此集中行銷力道在較願意購買的顧客身上，因為任何的行銷活動，都是為了帶進更多的人群與消費。

市場區隔 ｜segmentation｜

我們知道文創產業所涵蓋的面向很廣，從建築、藝術、工藝、設計，到電影、音樂、出版……等，因此，在規劃經營之前，必須先進行市場研究，瞭解在這些領域裡，有哪些顧客的參與？面對這些顧客，我們能提供什麼樣的商品或服務？能為他們創造什麼樣新的價值？

進行市場研究有以下四個步驟：
步驟一：實際走進市場，參考同質及異質的業種，找出具體的目標客層。
步驟二：以業態的分析數據，找出客層的平均類型。
步驟三：整理出客層與商店定位的比較，找出差異性的機會點。
步驟四：最後再整理出客層與商品結構的比較，找出商品配置的重點。

市場情報的收集，可以從預計開店座落的商圈，甚至於外圍商圈的同業，瞭解他們銷售的商品類型、結構配比、不同時段的顧客樣貌等內容，在此要提醒的是，如果你進行觀察的同業所經營的文創商品還未具一定規模時，你可能無法透過市場研究看清全貌，因此要更擴大範圍到跨業研究，也就是從顧客的生活範圍做橫向展開，著手調查與生活相關包括食、衣、住、行、育、樂的消費模式，才有機會收集到更多的市調情報。

選擇目標市場　| targeting |

在經過市調後得到的分析情報，會有各式各樣的顧客樣貌描述，從這裡歸納出的目標客層內容，會是理解顧客需求的重要參考標準。

歸納的方向有兩種，一種是依照顧客的基本屬性歸納：例如性別、年齡、職業、所得、對品牌和品類的偏好……等。舉例以一間文創生活選品店的目標客層描述，可能會包含以下的內容：上班族、女性為主，25-40歲，一般所得，對具創意的生活類型商品有著高度喜好。

另一個方向是依照顧客的行動屬性作歸納。例如顧客想在舒適的空間購物、想看見新的商品、想學習商品的知識，又或者希望享有完整的售後服務……等。
如果從前述的文創生活選品店為例，以顧客需求和意向的方式來設定目標客層，那麼所得到的描述可以做這樣的屬性歸納：一群喜歡新概念購物體驗的顧客，喜好有故事性的文創商品表現，有時會來店裡找尋生活的靈感，可以的話，還希望能有送禮的推薦服務。這個歸納方式能讓目標顧客的樣貌更為立體化。

定位 |positioning|

面對經過市場研究所選定的目標顧客，我們能更精準地鎖定他們的需求，打造具備溝通功能的新品牌或店面形象與商品，讓目標顧客留下清晰的識別印象。

文創品牌是以文化知識與創意詮釋來建立品牌定位，從品牌對顧客生活層面的觀察，引導顧客對生活領域的學習與創造，進而潛移默化成為生命與心靈的美感體驗。

在多年經營文創領域的經驗，可以發現，喜歡文創商品與活動的客群，通常具備有勇於嘗鮮及冒險的特質，對於新商品的推薦與活動的參與都顯示著較高的興趣。他們購買商品或體驗活動的地點，也多不限於書店或商場。他們熱衷觀看展覽、畫廊、博物館等藝文活動，對於演唱會和音樂節的參與度也很高。光臨創意市集時，除了蒐集現場展示的手工藝作品之外，還喜歡和現場設計師對談，甚至自己動手做一個特有的作品。近年來，各地藝術季多有戶外的野餐或露營活動，參與者會在現場透過共同的興趣和話題而結交新朋友，未來也會透過各自的社群平臺，持續分享豐富的文創產品與活動訊息。

位於臺北的《CHRISTEA 香織度茶空間》,規劃了時尚茶禮、生活茶會、尊享茶會、與美學展演四個空間,一茶一會品味美的五感體驗,建立品牌與顧客的情感共鳴。

文創品牌透過空間、商品或活動，增加與顧客接觸的機會，提供顧客
眼、耳、鼻、舌、心的五感體驗，從而建立顧客對品牌的情感共鳴。

｜文創地圖｜

指引，一條文創的經營路徑

我們在品牌的經營上，常需要透過設定衡量市場佔有率的指標，來掌握市場競合的變化。《行銷管理》一書中則提到，每一家公司都應該監看的三個重要指標變數：

1. 市場佔有率（share of market）：競爭者在目標市場中的銷售佔有率。
2. 記憶佔有率（share of mind）：競爭者在顧客心目中是「產業內頭號公司」最先被想到的比率。
3. 偏愛佔有率（share of heart）：競爭者在顧客心目中，被提及是「最想購買產品的公司」的比率。

書中提出持續監看這三個衡量指標，當記憶佔有率與偏愛佔有率出現持續成長的趨勢時，市場佔有率與獲利力也會隨之增加，並強調，一年之中公司高低起伏的利潤其實是較不具意義的，公司是否年年持續地建立公司知名度，並提升顧客的偏愛度，才是重要的。

文創品牌透過市場區隔、選擇目標市場的過程，能建立理性與感性平衡的品牌定位，開啟在現實與夢想之間的學習之旅，這當然也是款待顧客心意的具體承諾。

本——章
傳授心法

- 運用顧客及商品銷售數據，加上日常觀察，找出目標顧客高度關注的內容。並專注解決顧客感受痛苦的痛點，或是增加感受愉悅的利益點，為顧客創造更多的價值。

- 我們可以透過市場區隔（segmentation）→選擇目標市場（targeting）→定位（positioning）的過程找出目標客層，在瞭解顧客的獨特性與差異性所在之後，才能提供顧客最適當的產品、服務及行銷計劃。

第三章　文創，是一種**價值傳遞**

經過上一章的介紹，我們初步理解了品牌在透過市場區隔、
選擇目標巿場的過程，能找到為顧客創造價值的品牌定位。
接下來，我們來看看要透過甚麼方式來傳遞這些價值。

深圳雅昌藝術中心，高50公尺、寬30公尺的藝術圖書書牆，
創造了藝術的文化氣氛和環境，對於不同形式的書籍，細緻
規劃最適合的書櫃，讓書籍陳列方式也顯得從容與藝術性。

以誠品為例，
學習文創的價值傳遞

在仁愛路圓環的第一家誠品，書店位在地下一樓，店內陳列著以藝術、建築、舞蹈、音樂、戲劇、攝影、文學為主的書籍。書店中，沿著厚實原木樓梯拾階而下，進入海報卡片區，這裡蒐集了與藝術、建築、美學延伸的複製海報、卡片，裡頭還提供顧客框裱的服務。當年顧客在一片片的海報板前翻動著，時而屏氣凝神注視，時而微笑、輕聲讚嘆，明明人在書店，卻有著猶如在美術館欣賞藝術作品般的體驗，常常一待就是一整個晚上。

一樓和二樓的空間，規劃了許多富涵人文美學底蘊的西方經典工藝品牌，包含法國造幣局、大英博物館的藝術精品，英國皇家御用骨瓷、愛爾蘭頂級水晶工藝，和義大利百年時尚名品，還有畫廊、藝文表演空間及花店。描述至此，我們就能清楚感受到，第一家誠品，就是「在書與非書之間，我們閱讀」的原型呈現。

那麼，誠品希望為顧客帶來什麼價值呢？
誠品希望顧客感受「被款待」的價值。透過空間的設計氛圍、專業選書，以及書籍延伸的內容，我們被兼具古典美學與文化內涵的文創商品所包圍，每一位來到誠品的顧客，都能透過對人文、藝術、創意融入生活的體會，感受到被款待的美好，這個延伸至精神上的愉快、感動，這一個善、愛，和美的心意，內化到個人的言行舉止。由個人的言行舉止，也會對他的家人、朋友造成善的影響，以誠品為中心，如水波紋般地往外擴散成就了一個大群體的相互影響，相互成就美好，造就生生不息的善意循環。

因此，我們清楚理解到，誠品希望為顧客帶來的價值有三個面向，

第一，從空間、商品、活動上，傳達「款待書、款待人、款待精神」的心意。

第二，以閱讀為核心，對「人文、藝術、創意、生活」核心價值主張的實踐，展開擴及生活面向的領域，逐步成為涵蓋書店、畫廊、展演、商場、餐旅、住宅……等，以人文思維為核心的複合式文創平臺。

第三，誠品從自身出發，相信真心付出的善意，相信帶來生命正面力量的愛，相信每個生命都有其獨特之美，這個善愛美的終身學習，是人與自我，人與人，更是在時間長河裡的過往、未來，每一個對生命的珍惜，與持續探索。

誠品書店從2016年起，推出【經典共讀計劃】，計劃每半年邀請10家出版社總編輯推薦100冊時代經典，循序漸進地，在三年內為臺灣讀者累積500冊必讀經典書籍。透過閱讀內容的詮釋、引導及發聲，將「閱讀」這個品牌，做得更正面、更具影響力，將這一份心念化為實際行動，是品牌對顧客及整體產業的加值，更是品牌核心價值的加值。

從誠品對顧客的價值傳遞，即可深切體會到，文創品牌的經營規劃，只要先從核心價值定錨，即便面臨環境的變化，或資源配置的先後抉擇，都能在機會和挑戰面前，堅持信念不予偏移，不忘初心地為顧客創造價值。

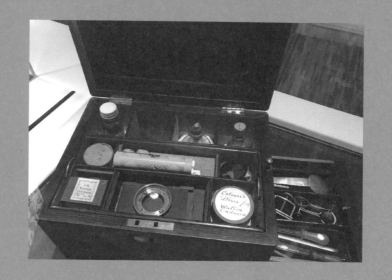

在大氛圍與小細節之間，
感受價值的傳遞

文創內容的經營，建立於店面整體的建築風格、空間動線規劃、貨架設計，以及視覺調性的整體性規劃，這些元素不只為清晰傳達品牌形象而存在，也為賣場營造良好氣氛；在這樣以人性為出發點的賣場空間，顧客更能隨心所欲四處逛看，所延長的停留時間，對提高顧客的消費，也有著極正面的效益。

如何確保顧客能在遊逛與購物過程中，確實感受到品牌傳遞的價值，就從把握下列四項規劃的關鍵要素開始。

第一，大氛圍與小細節

現在，有很多商場或書店的設計都以美觀取勝，讓人留下深刻的第一印象。但論及店內文創內容的規劃，區域位置與貨架設計則必須契合所佈置的產品概念，在這樣的概念之下將空間、動線、貨架做個完整的結合。一般來說，能扮演設計規劃的這個角色多為室內設計師，但規劃人員對文創商品陳列概念的清楚描述，則是設計師是否能順利切入重點、產出設計的關鍵，為此，我們必須更細緻地列出要項，協助完成大氛圍的連結與小細節的安排。

哪一種類型的商品，會需要哪種貨架？讓我們來作個想像。可想而知，陳列在貨架上的商品，在一天之內會接觸到無數顧客的接近、拿取、觀看，然後放回。為了因應這一連串的行為互動，貨架不能只考慮美觀問題，顧客的方便拿取、放回方式，都要考慮在內。這裡所謂的放回，是指將商品回復到之前陳列的模樣，這部分就需要多一點用心的思考了。例如，若貨架的設計是讓顧客必須踮著腳才拿到商品的話，等到顧客放回商品時，你是無法要求顧客再次踮腳好好放回商品的，有了這些設身處地的設想，你在進行貨架設計時，就會顧慮到高度問題對顧客拿取的方便。現在有些店面因為貨架設計偏高，會準備小凳子讓顧客墊高拿取商品，然而，顧客在使用小凳子之後並不一定會擺回原位，如此一來就影響到下一位顧客的使用，同時也容易造成商品陳列的凌亂。

另外，顧客遊逛的動線規劃，也會影響貨架設計的邏輯。你希望顧客停在哪個陳列點？要由哪個平臺或貨架擔任主視覺的起點？動線的規劃好比一齣戲，劇本內容越是流暢，顧客的消費體驗將越臻完美，而這些完美全都建立在眾多小細節的貼心設計。

以大氛圍引領顧客進入愉悅的環境，再透過貼心的細節拉近顧客與商品的互動，提高顧客對購物的滿意度。

誠品松菸店的旅行主題區，利用洞洞版的多元收納
方式，將不同類型的商品，陳列得整齊有型，讓商
品擁有最好的舞臺，也成為店面最美的焦點。

文創的價值，有時固定、有時彈性

第二，固定與彈性。

透過對每一種品類商品規格細節的充分理解，才能察覺其擺放與陳列的差異，當我們與設計師討論貨架設計時，就有足夠的資料依據來決定這個商品適合較工整的標準貨架？還是需要個別訂製的功能貨架？而這些決定，都要根據區域內的落櫃位置，做到與空間氛圍有層次的銜接。

不同類型的商品如卡片、筆記本，或尺寸較不容易一致的生活禮品，都需要適當的貨架安排。我們可以思考主體貨架與功能貨架的搭配，或結合兩者，形成視覺上的一致性，還要同時顧慮到移動的彈性。

懂得取，敢於捨，才能做好價值傳遞

第三，取與捨。

有些國外的品牌商品，會在首次合作或舉辦活動時提供整座的原廠移動貨架，讓全系列商品呈現完整陳列，像這樣有份量感的陳列，通常都有帶動銷售的功能，尤其集中式的陳列，也做到了加深顧客對品牌印象認識的作用。

但是，當新品期結束，部分商品留或部分商品退的狀況之下，多數店家會不願意捨棄那個原廠的移動貨架，因為不捨，這座貨架會輪流出現在店內的不同位置，既會干擾原先規劃的動線，功能不再單純的貨架，也無法契合後續陳列商品的概念。

陳列，是為了與顧客的互動，如果動線被打擾了，無法讓顧客好好地和商品做互動，顧客會從不好互動，到不想互動，那麼貨架就淪為了一個個庫存的層板和儲位。

因此，我們必須在店面動線的設計上，確實做好必要的取與捨，時時刻刻從顧客的角度來做檢視。

價值的傳遞，
不只在當下，也在過程的延續

第四，當下與延續

我們運用視覺設計的文字與圖像，與顧客互動，傳遞價值。

顧客在我們安排好的空間氛圍裡遊逛、挑選並感受商品的價值，接者在與服務人員互動的當下，對商品已產生正向的情感連結，覺得需要，或被感動了，就會產生想要購買擁有的念頭。

當他完成購買，離開店面之後，他的感受雖然慢慢會有轉變，但是品牌印象會持續存在，顧客與商品的互動又進入了另一個新的階段。這時候體驗尚未結束，因為功能的使用順利與否，關係著購買當時的好感是否能延續累積，所以在顧客完成一個商品的購買，反而是另一個體驗的開始。在此，我們要思考的是，如何延續整段銷售過程的情感價值。

例如，面對選購禮物的顧客，我們要懂得給予適時的建議，設身處地為他著想。顧客買了一個商品，包裝禮物送給朋友，我們試想這整個過程，選購的商品會被包裝成禮物，走出家門，被拿到朋友面前，收到禮物的朋友開心地打開禮物，完整感受到送禮人的美好心意。價值的傳遞從商品的選購就開始了，像這樣完整的銷售服務，才能做到真正的價值傳遞。

只要我們懂得多為顧客設想，這樣的貼心，會連結到顧客下一次的商品選購，或者當他想推薦給朋友時，也會自然想起這家店。所以，視覺不只解決功能面的問題，一段文字，或者一個圖像，若能善加運用它來延續心意，更能藉由它完成品牌想要傳遞的核心價值。

本———章
傳授心法

- 從誠品的例子，看到以閱讀為核心，在空間、商品及活動上，傳達款待讀者的心意。
- 這裡分享了四個規劃的經驗，分別是大氛圍與小細節、固定與彈性、取與捨、以及當下與延續。從空間、貨架，到視覺的整體性，只要這幾個關鍵元素佈置到位，就能讓顧客在遊逛與購物的過程中，體會到價值的傳遞。

第一步
攤開地圖，綜觀文創這個世界

| 第二步 |

按著地圖
朝正確方向出發

Photo by onon

第四章

文創的經營，以人為本

文化創意是以人為本的產業，我們依賴一群能夠理解文化、理解創意，並有實際參與商業運作經驗的團隊，一起參與生產、商品、服務的工作，按照計劃，確實依訂定的方向前進。由此可見，文創經營團隊的重要性。

經營團隊，
不同背景的專業組合

建立文創經營團隊，和組織新創事業團隊有著相似之處。團隊的成員通常是擁有不同專業，擅長專注問題解決的思考，每個成員必須清楚並且有能力對外傳達公司願景與近期商業目標，最好擁有熱衷學習新事物的特性，懂得自我學習成長。

一個品類的專業，就是一個領域的專家，因此品類規劃必須具備一定規模，才能提供顧客更多的專業服務。

以日本蔦屋書店為例，他們規劃了一個特別的店內服務，稱作「專家級導購」服務，就是由各個領域的專家負責書店選書來服務讀者。走進書店，你會遇見他們，在各個角落看見讀者與他們的自由對話，對話內容可能圍繞著書本，也可能跨出書籍範圍，延伸到對生活方式或相關產品的探討。蔦屋書店有計劃地創出一群擁有較高學習力，並渴求知識的目標客群，經營者知道，要吸引這群讀者，不能只靠書本上的知識，進一步透過歲月及閱讀積累而來的人生智慧，才是他們願意投入追求的內容。書店長期聘雇這些專家達人所提供的服務，突顯了書店的特色，也提高了顧客本身的價值。因為他們扮演的不只是單純推銷書籍的角色，更是領航人、導航者，帶領著讀者們展開雙翼，悠遊於日本蔦屋書店的文化領空，任意翱翔。

當書店把文創經營當新創來開發，那就會是一個創意經濟的事業。創意經濟所重視的知識力與想像力，既要學有專精，又要涉略廣博，我們需要來自不同領域背景的團隊成員，以各自的專業彼此互助、互補，交錯架構出擁有自我特色的書店服務。

營採合一，
適合新創或小規模經營

當我們開始文創內容的經營規劃，或經營的轉型擴大，這時的決策必須快速而有彈性。採用營採合一的模式，讓營業和採購的溝通不會耗費太大成本，且能達到權責分明的功效。

許多較小規模的選品店都會採用這個模式經營文創商品，因為職權集中在一、兩位主經營者身上，他們將重點聚焦在呈現個人化的店面風格，就能快速決定店的定位、裝修風格、商品選擇，乃至於行銷宣傳。

而在大型企業裡，這樣的經營模式通常是可用在特定期間的開創任務，期間限定的營採合一團隊，可快速瞭解並滿足顧客需求，有效地集中資源來達成目標任務。

Photo by onon

矩陣組織，
適合專案任務或大規模經營

如果計劃開設的是較具有規模的連鎖店，則建議採用結合品類別和區域別的矩陣組織設計。

一般來說，每一種品類在總部都各有一位品類主管，而不同的營業區域，當然也有各區域的負責人。結合雙方成立的團隊，在矩陣式的組織之下，每個成員都同時對產品及營業負責，將整體組織的目標放在第一位，而不再只局限於單純產品或營業的經營。

矩陣組織的設計也非常適合使用在專案導向的任務編制。例如品牌要策劃明年一整年四個季度的文創策展選題，這個專案項目，就必須有多功能別成員的加入，如營業單位、商品開發單位、行銷單位、媒體宣傳單位……等，各部門推派代表組成團隊，在矩陣式組織中，專業人員之間能有更直接而頻繁的互動，達到良好的溝通運作，擁有相對彈性的組織架構，資訊自然能更有效率地流通於各個所負責的成員之間。

零售通路的發展有客製化及區域化的趨勢，深入文創內容的經營，開啟與在地的連結，建立獨特的差異化產品或服務，是一個需要長期耕耘的方向。面對這樣的趨勢，我們經常需要快速動員投入新領域的開發，當組織內部有愈來愈多這樣的經常性專案，就會面臨到共用有限的人力、設備、或預算資源，這個時候，為了有效統合、管理專案，組織會成立一個專職部門，以有限的資源，進行統籌專案的策略目標、利益，和執行。在我過往的經驗裡，採用矩陣組織模式經營的新事業投資發展，或新產品研發，都能有效地推進專案進度。

一｜文創地圖｜
指引，一條文創的經營路徑

外部團隊也是重要的
合作夥伴

文創經營的團隊中，另有一群外部團隊，是我們在經營文創時，源源不絕的養分來源。

他們是一群分散各地、與土地緊密連結的生活達人，有的是工藝老師，有的是街頭畫家，更多的是尋常百姓，他們以智慧將文化融入生活當中，代代傳承。

我在2018年夏季走訪北臺灣宜蘭的一個小鎮——頭城，參加了一個結合在地居民所共同推出的頭城老街文化藝術季《巷弄裡的草根生活》。策展團隊從「重視每一個人」這個想法出發，開始小鎮的家庭訪問，過程中聽見小鎮數十年來的產業變遷，蒐集了數十戶人家興業起家的心路歷程，發現每個尋常人家單純、簡單的日常生活，其實是小鎮裡最美的風景。

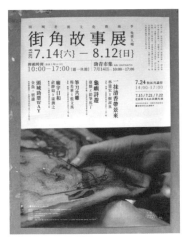 

宜蘭頭城鎮的老街文化藝術季，將一群在各地與土地緊密連結的生活達人，透過創作串連起來，注入新的養分。讓來到這裡的訪客，能有機會細細閱讀這一片土地的生命故事。

其中,小鎮裡的中藥行老闆娘尤其讓我印象深刻,她化身為拼布老師,為文化藝術季活動設計了用八種中藥材製成的防蚊香包,搭配她拿手的花布包材,帶著參與活動的訪客,一起透過她的創作,體驗生活經驗與智慧的結合之美。

另一位是從小在頭城長大的插畫家——鉛筆馬丁。鉛筆馬丁以動畫導演的身份活躍於業界二十多年後,回到他的故鄉,頭城。帶著訪客探訪私藏的山海路線,從漫步叢林到海濱戲水,騎著自行車,一覽小鎮山海的交界。他回憶起,在為藝術季繪製牆面的過程,有民眾會一時興起參與創作,讓作品增添更多的「人味」,「藝術季就是為了讓當地人進來,並不單純是自己的作品,而是他們要透過你,注入他們的生活元素。」

這些在各自崗位扮演不同角色的藝術家和老師們,透過文創推廣的活動,將自己對人生的體悟轉化為創作,作品中交織著日常、土地、自然與歷史沉澱的美感,是他們將文化的韻味提煉出來,讓土地的故事與訪客產生連結,人們因此有機會用新的視角重新看待這些鄉土風情,再次塑造城鎮的特色及體驗,逐步地傳遞這片土地無限精彩的生命力。

臺灣設計展,2015年在宜蘭中興紙廠文創園區舉辦,提出「MAKERS BOOM!設計 精造」的核心精神。主題館的議題環繞「創作者(Maker)」身上,重新定義創作者於文創產業之中的角色與定位。參展團隊將宜蘭在地傳統工藝與材料,結合產業打造生活物件,展現職人精造的技藝與精神。並且透過前店後廠的方式,讓參觀者也能近距離的一覽設計師們的精美作品背後的誕生過程。

- 建立文創經營團隊，因應文創經營內容所需的知識力與想像力，既要學有專精，又要涉略廣博，所以團隊成員通常來自不同的背景，透過彼此的專業互助、互補。

- 在組織的設計上，當團隊規模較小，建議採用營採合一的模式，規模較大時，則建議採用矩陣組織的工作方式。

- 外部合作人員，也是重要的團隊夥伴之一。他們是一群來自各地與土地緊密連結的生活達人，透過創作提煉當地文化底蘊，為團隊注入源源不絕而豐沛的養分。

第五章　文創的經營，看**商品結構**

規劃經營文創的內容，經由瞭解對顧客價值的創造，訂出經營的核心主張。透過商品的結構組合、採購開發、陳列銷售等面向顧客的過程，提供最具體的服務。現在，就讓我們就一起來探討，在變動的消費環境中，如何進行文創商品的結構規劃，為我們的店面，保持充滿活力的商品內容。

商品結構，
是經營一家店的學習地圖

商品結構是什麼？我認為，商品結構是經營一家店的學習地圖。

試想，一家上千平米的店面，會有數萬種品項，你打算讓商品是隨意、毫無章法的發展？還是運用科學的商品結構來管理？一家在商品結構的規劃上下功夫的店，就好比在出發旅行前，先完成路線的規劃，準備好所需要的資訊，以及物資條件。若是一人自由行，可以在計劃範圍之內，嘗試一些路途中的小冒險。但如果是帶一整個旅行團，精準的規劃，才能確保讓數十人或數百人的行動，安全地按照計劃到達目的地。

為什麼說是學習地圖呢？

我們知道，在營運的工作中，一邊是面向顧客的銷售端，一邊是面向供應的採購端，兩者必須依賴商品結構的建立，串連銷售端的需求，與採購端的變化。不論是組織內部策略的改變，或是外部環境的影響，都必須由銷售與採購部門的同仁，一起分析討論，決定因應調整的辦法。所以，商品結構的經營是由多部門、多訊息、多類別、多維度，不斷在實績與預測之間，反覆學習的過程，才能持續地滿足顧客需求，提高店面的整體競爭力。這就是為什麼我會說，商品結構是一家店的學習地圖。

有了對商品結構的認識，接下來就可以開始編列商品結構表。

商品結構表的內容，包含了商品分類、空間大小、陳列數、庫存量、庫存額、銷售量、銷售額、以及毛利額。規劃文創商品的結構，可依據店面的定位、空間的大小、營業的目標，以及資金運用的計劃來編列，其中，請特別注意以下兩個方向。

食材加量品味地道原味的
自製美食配料包

利用紡織工廠的落棉
製作而成的抹布

商品結構的編列：廣度延展，深度挖掘

商品結構的廣度是指，從單一類別延展開來的相關種類。

以筆類商品經營為例。從使用功能的延伸，包括筆的補充墨水、吸墨支架、收納用筆袋皮套，加上從近年來因復古書寫風潮而受到顧客喜愛的沾水筆，延伸到可更換的沾水筆筆尖、墨水、亮粉，及蠟封使用的用品，甚至延伸到沾水筆書寫的練習字帖……等。

因為拉寬了商品結構的廣度，賣場的陳列上，除了依照功能類型的整齊陳列之外，還可在主題位置上，為顧客佈置一個書寫情境，讓顧客在遊逛、購物的過程中，自然留下一個整體的印象，當下次顧客再有想要尋找筆的相關商品時，自然而然會想來這兒逛逛，也看看還有沒有新商品。像這樣廣度延展品類的編列，就有機會有效提升顧客購物回流的機率。

接下來，我們談談商品結構的深度。

商品結構的深度是指，從一個類別縱深開發的系列商品或品牌。

同樣以筆類經營的結構為例，從高價的Montblanc（萬寶龍）、Waterman（威迪文）、Pelikan（百利金），到平價的Lamy、Pilot百樂微笑鋼筆，不同品牌的筆款在筆尖和墨囊的結構各有其設計的差異，因此，為顧客挑選筆款時，可以從不同的書寫習性，或因應不同場合的使用需求來做推薦。

在鋼筆的市場上，各品牌有時會因應紀念事件或人物，推出珍藏限量筆款。例如2016年萬寶龍文學家系列，就是為了紀念大文豪莎士比亞逝世400週年，特別引用莎士比亞首次出版的經典作品之一《羅密歐與茱麗葉》的年份：1597年，在筆尖鐫刻劇中羅密歐與茱麗葉在露臺私會的場景，來向莎翁致敬。這款紀念鋼筆，從細緻的工藝，就能充分感受到萬寶龍的精品精神，與文學內涵的連結，更是讓顧客從中領會到書寫富涵的藝術之美。

eslite | Writing Boutique

一間為喜愛書寫的人規劃，位在誠品信義店二樓的Writing Boutique，書寫及延伸品類的商品規劃，可以在這裡體驗不同筆款的書寫溫度，也可以更親近許多百年製筆品牌背後的動人故事。

由此可知，兼顧商品結構的廣度擴延與深度挖掘，才能在賣場中佈置出具有新意的商品陳列。先規劃商品廣度的配置，再按照各類別決定商品深度的安排，架構起屬於你的店面，兼具獨特氣質與良好績效的商品結構。

商品結構的開拓：
滿足現有需求，開發未知體驗

商品結構，是面向顧客銷售與面向採購開發，中間串連的溝通點。
我們透過文創商品傳遞文化的故事，與創意的表現，這其中不能只是滿足顧客現有的已知需求，還要提供顧客新的體驗，開啟他未知的領域。

舉例來說，當我們遇到來賣場購買紙張的顧客，我們必須具備足夠的紙張相關知識，來應對顧客在使用的畫材、使用的環境、保存的需求，以及預算考量等方面的選擇；知識面的累積愈深，提供給顧客的服務就能愈完整。這是第一層的互動，是知識面的需求。

第二層的互動，是情感面的需求。
在我們瞭解顧客理性層面的功能需求之後，接著可以分享顧客選購的商品背後，有著什麼樣的背景故事。你可以和喜歡紙張的顧客，從中國發明了紙張開始聊起，如何從亞麻、竹、桑樹皮，經過師傅們一代一代的提煉改良而完成為現在使用的紙張。你也可以聊聊19世紀的巴黎左岸，一位化學家因為熱愛顏色，開了一家創造顏色的店，藝術家們總是能在店裡發掘到令人驚奇的顏料，爬上二樓，那裡有各式各樣的紙張，有些紙張還是用山區純淨的水，由老師傅手工製作而成的。

透過和顧客的故事分享，一同悠遊於紙張的領域，看見藝術家從紙張的選購，啟動創作的靈感，看見小說家振筆疾書寫作，彷彿紙張在他的筆下也有了生命。這一幅幅的畫面，都能夠成為顧客和商品互動的情感連結，更拓展了顧客在那個領域知識的延伸，為顧客創造了新的價值體驗。

持續在商品結構上開拓不同的領域，是知識累積、經驗養成和訓練的學習過程。具備完整的商品知識，才能挑戰新商品領域的規劃，就算是失敗的經驗，也會是很好的學習。珍惜並且重視這些經驗的可貴，不停地自我反饋，訓練自己在合理的範圍之內，合乎績效標準的範圍之內，去挑戰，去訓練，這不僅僅是銷售服務技能的訓練，更是對於自己心性最美好的鍛鍊。

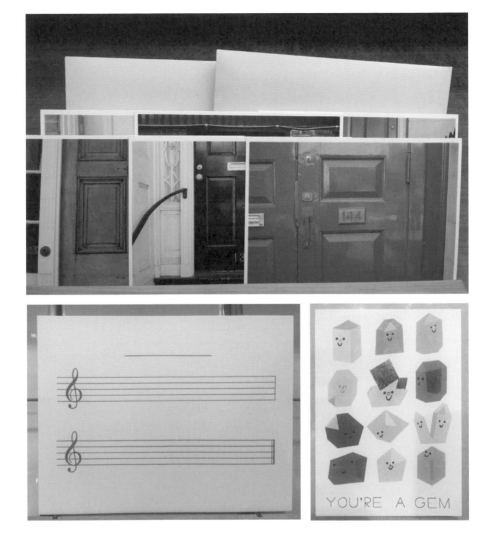

一張卡片可以表達感謝，也可以成為追尋夢想的起點。商品
結構設計既有功能規劃的系統思維，更應該蘊含為顧客不斷
開創新視野的價值。

本——章
傳授心法

- 商品結構是將一家店上萬種品項，以科學有系統的方式進行管理，串起銷售端需求與採購端變化，透過預測與實績反覆學習的過程，滿足顧客需求，提高店面的整體競爭力。
- 建立文創商品結構表要注意：廣度延展和深度挖掘，同時滿足需求和創造實驗，才能持續為顧客開創新的商品體驗。

文創地圖——指引，一條文創的經營路徑

專業書寫及繪畫用品專門店～誠品「ART LAB 色彩實演所」，商品結構是從品類寬度與專業深度，這兩個維度來做規劃，打造書寫與繪畫創作的精彩場域。

廣泛接受新知，養成專業領域的觀察能力。
夏陽老師的回顧展：「夏陽：觀・遊・趣」，在《36人像聯作》
的作品前，看見一個女孩，一筆一畫，專注描繪著老師的作品。
（2018年 臺北市立美術館）

第六章 文創的經營，在趨勢觀察

文化的內涵，來自人們的創意和產出的持續累積，在《老字號與活水》一書中，看見百年時光之中堅持的職人精神，他們在舊時光崛起，並衝破時代洪流，蛻變出全新樣貌。書中寫著，「重點在於『生活』，無論是老技藝、新觀念皆要熨貼平凡日常，在生活中遇合、在生活中融會，讓前人的種子抽長新芽、後人的創意回頭照見歷史」。

當我們規劃如何為顧客提供具有價值的商品內容時，一方面瞭解商品蘊含的文化內涵與故事，一方面同時精準掌握當下生活及消費趨勢變化，可以幫助我們做好市場預測，進行更精準的產品開發。

廣泛接受新知，
養成專業領域的觀察能力

「趨勢」是一連串的事件，它們雖然發生在不同領域，但是彼此之間不僅有先後關聯，而且是往相同的方向發展。所以擁有客觀開放、樂於接受變化的心，建立持續性的閱讀習慣，是養成趨勢觀察能力的基本條件。

看電影、看舞臺表演、參觀美術館、逛書店、網路或圖書館資料搜集，都是日常取得資料的途徑，選定幾個與工作或有興趣的領域（例如，文化、設計、藝術、教育、零售⋯⋯），多看，並多一點深度理解，從觀察的方向，有方法、有系統的，一次針對單一領域進行閱讀與觀察，再予以剖析。練習在同一個主題上挖掘多面向的切入點，經過一段時間的累積，就能建立起屬於自己專業領域的趨勢觀察。

當然，身處在零售產業的環節，也應該要求自己與賣場直接接軌，每年至少要有幾天進入賣場，實際參與各項環節的工作，掌握各個區域的變化。把你在趨勢上的觀察，貫徹到賣場的營運活動，並且以同樣的態度整合到日常生活經驗與工作環節，找到創新轉型、借勢向前的機會。

廣泛接受新知，養成專業領域的觀察能力。
YIRI ARTS 以《Munro's Books》作為策展主題，將藝術博覽會現場打造為獨立書店的樣貌，讓所有觀展者走入2013年諾貝爾文學獎得主 Alice Munro的小說故事裡。（2018年 臺北國際藝術博覽會）

趨勢觀察一：永續旅遊

在全球各國都將觀光列為優先、關鍵性的重要政策與活動的今天，觀光的推動，不僅有助於國家整體的經濟發展，結合文化與觀光，透過文化特色與元素，除了可以吸引觀光客，增加文化商品與服務的市場規模，還可以提供互動式體驗，例如工藝手作體驗教學、書店及文創園區參訪、影視拍攝景點參觀……等，透過體驗經濟的形式，將文化產品、服務和顧客的遊覽經驗做連結。

而近年來廣受大眾討論的「永續旅遊」，也成為各國發展觀光的首要課題之一。國家地理雜誌對永續旅遊做了下列的詮釋；透過某種層次的觀光活動，讓旅遊所在地的社會文化、地方經濟和自然環境產生平衡獲利，進而可以讓當地的旅遊環境與事業得以長久維繫。

聯合國永續發展大會（UNCSD）也提出了「永續旅遊」呈現的四個趨勢。
一、著重發展以觀光所在地的在地優勢，並考量環境與資源的永續導向為主的經營型態。
二、著重發展多元創新、跨業資源整合，並針對目標客群，提供具有特色多樣化的觀光產品和型態。
三、因應數位科技的發達，帶來旅遊型態的轉型，自由行觀光需求，帶動深度慢遊的經營趨勢。
四、旅遊產品和服務供應業者多為當地的微型或小型企業，運用數位化服務來整合各種旅遊資源，發展出線上線下共生的生態系統。

所以，當我們在為品牌策劃商品內容與活動，就可以從這裡開始思考，如果觀光的本質是在提供給旅客結合美好想像與實際感受的旅程經驗，那麼從我們的城市看觀光趨勢帶來的機會，就要同步思考「量」的發展商機，與「質」方面有深耕的空間。

一文創地圖一
指引，一條文創的經營路徑

「勤美學」在地美學實驗計劃，傳達自然永續、職人精神，與生活美學的概念。「好夢里」的戶外劇場體驗，在夢的使者帶領下，一步步走進神秘的森林聚落，想像與地心巨人一起用餐的饗宴，在月光下與精靈旋轉共舞，進入一場奇幻的旅程！

趨勢觀察二：
一個人的經濟

少子化與高齡化是近年來政府與學界共同關注的人口結構發展趨勢。日本知名顧問大前研一在《一個人的經濟》一書中就提到：「這是個年輕人『想要』一個人生活、中年人『愛上』一個人生活、老年人『必須』一個人生活的時代。」日本家庭從過去典型的爸爸媽媽帶著兩個小孩的一家四口，漸漸轉變為一個人的單身家庭。從烹飪節目示範的菜單就可看出這個趨勢，四人份的食譜已不再適用，過去一家四口開著小型休旅車到大賣場一次性購買一星期分量的週末採購行為也改變了，取而代之的是，愈來愈多的一個人，依賴便利商店的生活。

其實在生命的各個階段，離開家去就學，就是一個人生活的開始，若是成家有了小孩，又再度進入家庭生活，等孩子漸漸長大，有了自己的社會生活，人又會回到只剩兩個人或者一個人的狀態。一個人工作、一個人電車通勤、一個人逛書店、一個人出遊、一個人閱讀……，生命中許多時間，我們都存在於一個人的狀態。

所以當我們談一個人經濟的時候，更多是在談一個人生命環節的變化。在這個時刻，該有什麼樣的陪伴？又有什麼方式，能同時保留自我對話的內涵，又能滿足走進社群的需求？

在荷蘭阿姆斯特丹有一家「EENMAAL」餐廳，從擺設到座位、餐點到服務，都只為一個人用餐而設計，目的是讓人們在一個人用餐時，能不被3C產品干擾，不被人際關係打擾，沉浸在美食的體驗之中，享受自己與自己約會的樂趣。

餐廳的創辦人在一次採訪中，以自身的經驗表示，現代社會已經習慣將晚餐視為重要的群體活動，有一次他想自己過聖誕節，很單純想要有一個人的空間和時間，可以讓自己重新思考、沉澱，讓自己好好的為新的一年做準備。然而當朋友知道後，都覺得他是因孤單或沮喪而想獨處，似乎一個人就代表著負面、社會的非常態。他體會到，大部分的公共場合都不會提供獨處的空間，所以他開了一間餐廳，專門為提供人們一段與外在世界隔離的時間，學習和自己相處、對話。

現在市場上出現許多訴求一個人的商品，一個人的咖啡機、一個人的鬆餅機……，除了這些一人家電之外，在消費市場上，一人經濟也為商業領域帶來了全新的機會與挑戰。為了一人經濟，營銷面必須重新建立新的溝通角度，從食、衣、住、行、育、樂各種領域的消費場景，都必須重新建立與一人顧客的接觸點，進行從上游到下游，整個產業鏈的梳理調整，從這裡面去發展新商品與服務的機會。

當書架成為一個說故事的空間，由無、木、土、海、風、夜……延展的質感體驗。（日本《niko and……》）

趨勢觀察三：
顧客體驗

坐落在紐約曼哈頓第10大道的零售概念店 STORY ，是一家以顧客體驗為主要核心訴求的店，他們每隔四到八週就會重新安排店舖設計和商品內容，以新的表現主題、流行趨勢，進行各式各樣的合作活動。

雖然是一家零售店，卻以雜誌的觀點講故事、以畫廊策展概念更新商品主題，當然也像商店般販售商品。STORY的創辦人表示，「隨時保持整家店像新創公司一樣靈活，快速理解、並駕馭市場上正在發生的事情。每隔四到八週，我們就會徹底改造自己，從商品推銷到設計，圍繞主題、想法、問題或趨勢重新煥發活力。」

因為不斷創造新的體驗模式，STORY已經成為許多品牌、媒體公司和大型零售商的創意孵化器，STORY創造了一個讓品牌進行實驗的場所，更難得的是，這個場所同時也是一個實際創造利潤和經常性收入來源的實驗室，他為人們提供了良好的體驗，建立了獨特的價值。正因如此，從2011年開店至今，STORY已經和將近4,000個品牌合作，並且持續透過這個充滿文化創意的平臺，為品牌商、為自己，更為顧客擴展著體驗的價值。

未來的趨勢，將是以顧客體驗為主軸，驅動產業鏈從生產端到銷售端的變革，重新建構顧客、商品與場所三者的關係。

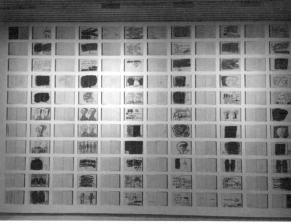

藝術家李山的生物藝術主題創作，以繪畫、數位圖像、裝置、影像等視覺表達形式，同時涵蓋手稿和文獻記錄，以多維度呈現藝術家二十多年來在生物藝術領域的研究探索和思考路徑。透過觀展，理解藝術家對於生命科學課題的詮釋脈絡，也觸動思考，文創內涵的梳理、知識的準備、樣式的建構，有助於產業鏈環節的溝通交流。（2017年 上海當代藝術博物館）

趨勢觀察四：
未來辦公

德國法蘭克福文具展 PaperWorld，是國際上重要的文具商品展，每年，你都可以在此發掘業界的最新趨勢和熱門主題。在2018年的展會上，主辦單位針對顧客身處環境與生活狀態的瞭解與預測，設立了「未來辦公」專區，探討可以提供拓展工作體驗的創新方向，也由此啟發了整個業界。

「未來辦公」專區聚焦的議題是，當前工作場景正在發生大幅改變，顛覆和不確定性成了新的常態，企業在規劃辦公空間，也變得更加靈活而機動，藉此滿足變化不斷的經濟、社會和技術發展的現實，強調一個健康的工作環境，對人的重要性。
展覽上展示著如何打造健康的辦公環境：途經一條「健康辦公環境」的觀展路線，參觀包括聲學、燈光、空氣、衛生、人體工程學、傢俱和辦公設備的一系列產品。
展覽期間，幾乎每天都有專家講座圍繞著這個主題，與大家分享看法並做議題探討。

另一個熱門議題是「家庭辦公」。即使在家辦公，也需要佈置一個能激發創新、啟發靈感的辦公空間。展會提出的焦點是植物學，這裡面包括了植物、綠葉、仙人掌和甲蟲的設計應用。這些主題通過高端設計及材料展現，其中的運用主要在深藍色和綠底金絲的設計，其中有一個品牌商說：「我們在文具展上展示了一個完整的叢林主題系列商品。各位不要以為這只是我們拿來吸引顧客的擺設，實際上，我們的客戶對這些商品的需求是非常大的。我有信心，我們的系列商品將成為文具板塊的一大熱點。接下來在春季，我們會將淺粉紅色與葉子圖案結合產出商品，到了秋季，我們則會將顏色換為深藍色。」

根據仲量聯行在2017年發表的《辦公空間，重新構建》報告中指出，預測截至2025年，隨著5G無線網絡的部署，將有更多設備進入辦公場所。科技的快速發展，導致許多創新應用的因應而生，這些變化，將從根本改變消費者的生活和商業運營方式，身為服務顧客的我們，更應該思考如何掌握趨勢變化，提供適合的商品，拓展顧客體驗。

本———章
傳授心法

- 整合近年的零售市場，分享趨勢觀察，包含全球觀光永續旅遊的趨勢、一個人經濟的趨勢、零售體驗的趨勢，以及未來辦公的趨勢。
- 進行商品開發採購時，要保持接受新知的廣度，建立專業領域的趨勢觀察，瞭解顧客需求上的變化，藉此協助我們更精準的預測市場，來進行商品開發。

一文創地圖一
指引，一條文創的經營路徑

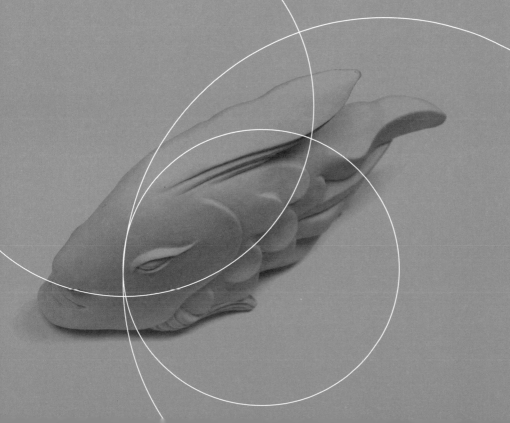

3
The third Step

| 第三步 |

用商品
規劃經營的路徑

第
七
章

文
創
商
品
的
**開
發
採
購**

商品開發團隊的
理性與感性

零售業處在變動的市場趨勢,面臨到的挑戰之一,就是商品的同質
性過高。我們學習洞察新的趨勢,透過與不同的設計師合作開發新
品,為顧客提供多元選項,試圖在同質性高的市場現狀中,開闢新
的商品服務。而在進行商品開發的過程中,最重要的就是養成感性
與理性兼具的能力。

持續從商展中積累鍛鍊,透過學習品牌精神與產品知
識,累積商品開發的能量。(2018年臺灣文博會)

感性，是對商品文化背景、創意精神的深入瞭解，讓我們在面對合作廠商時，能從理解商品知識的基礎出發，共同分享顧客的喜好，一起加入我們開發商品的實驗模式。這猶如一場人際溝通及情感投射的藝術，越是用心經營，越能透過經驗的累積，和合作對象共同搭建起整合資源、互助互利的夥伴平臺。

理性，則是邏輯的思考能力，這樣的能力培養，必須在高度自律的自我要求之下獲得。
商品開發人員平日的工作範圍，包括遍讀國內外商品及市場情報書刊、大量瀏覽相關的網路資訊，定期蒐集並分析競爭對手的資訊，與市場上的熱門話題等，每天的情報輸入是大量而廣泛的。他們穿梭在各項工作之間，所負責的項目繁多，從商品情報收集、選品、交易條件談判，到支持上市行銷企劃、媒體宣傳、教育訓練，不只每個工作項目環環相扣，同時還必須和不同專業單位交流合作。訓練養成理性的邏輯思維，才能確實掌握、精準溝通，在時間之內完成質量俱佳的工作任務。

用商品，規劃經營的路徑

我在參與誠品創建及擴張期的過程中，帶領團隊進行全球商品開發採購，一方面透過引進蘊含各地文化的商品，為臺灣讀者開啟全球視野，另一方面則是輸出臺灣市場的銷售經驗，讓全世界看到臺灣市場的潛力。

歐洲很多品牌，都具有百年以上的傳承，我和團隊一邊在國際商展中積累鍛鍊，學習不同產品的工藝與材質，累積商品開發的知識，一邊學習這些數百年品牌的經營思維，將之應用到團隊訓練及養成，做到品類的專業，有系統地學習、理解產業的每個相關環節，向上游延伸進入技術研發的環節，向下游進入市場拓展的環節，達到對整個產業鏈上下游合作夥伴更完整的認識。

商品開發在開啟讀者未知的新領域，進而激發新的生命經驗與感受。因此我們開展的絕對不會只是商品，更是為開展每個人不同的生命經驗而互動。唯有如此，讀者才會再回到這個場域來尋求新的互動，並持續為自己帶來新的體會，開創新的可能。

> 只有透過瞭解與尊重當地的文化，並且深入串連每個在地環節與營運交織融合，才能讓顧客從觀看、購買、品嘗等不同角度，實際體會地方的生命力，真正做到跨區域經營的意涵。（日本澀谷 Hikarie「d47 MUSEUM」）

商品開發團隊的任務

一個文創品牌的商品開發團隊，以專業的商品知識進行商品策劃、執行與檢核，依照品牌定位擬定商品結構計劃，進行品類開發與採購管理，並與供應夥伴合作，透過有系統的數據分析，達成經營商品上的採購成本、存貨控管與毛利損益上的最大效益。

同時，若負責商品開發的同仁懂得重視與前場門市營業行銷的交流，結合商品力與門市的服務力，將之轉化為具高度競爭性的銷售力，即可讓公司門市的營運績效與影響力得到更大的提升與發揮。
商品開發團隊也會是創新店型、發展新業態的主導者或關鍵角色，團隊必須以開放的心態思維，累積深厚的專業，積極跨入不同領域去歷練、去挑戰。

商品開發團隊的業務範圍

· 商流：採購策略、市場趨勢、廠商選擇、商品企劃、採購契
　約、存貨管理、陳列管理
· 物流：交期管理、驗退管理
· 資訊流：主檔維護、編碼原則、自動化管理
· 金流：資金週轉、利益追求

商品開發團隊的管理指標

· 品類策略制定
· 品類行銷活動規劃執行
· 銷售，銷售目標與前場連動
· 新品，新品進貨率、新品銷售率、進銷比
· 定價，海外引進商品及行銷商品的定價策略
· 採購預算，年度供應商新品銷售目標及預算
· 採購績效，平均成本率、存貨天數、進銷比（連結存貨）、
　付銷比（連結現金）

五個開發採購的相關要素

商品開發採購的工作，有五個要關注的基本要素：供應商、時間、價格、數量，以及商品／服務。

在開發的過程中，商品開發人員要懂得選擇合格的供應商，合格的標準包括對供應商的評估及業界的觀察。這些可以從廠商運作是不是符合生產標準來判斷，過去合作的對象也是評估的標準。回溯瞭解過去的合作背景，能評估供應商是否能合法合規的完成承諾。

再來是掌控店面需求及廠商交貨這兩個時間點，以公平合理的價格，取得正確的數量。在採購的環節裡，成本導向的採購通常會希望以低價格去取得想要引進的商品，但是要特別注意，議價時不應以單純的單價為目標，要考慮到一些合作中的隱性成本，比如品質和服務的差異，這部分也都需整合為總成本來做考量。

的確，公平合理的價格，從某種程度上來看，是在採購經驗的持續性訓練下，達到互惠雙方的合理，在這樣的合作基礎之下，彼此更有發展成為長期策略合作夥伴的機會。取得合理價格的供應商，將有餘裕持續開發新產品，培養一批又一批具潛力的設計師，持續保持滿足市場的籌碼，當有需要時，廠商也會有更多動力參與商品開發的新實驗。

這五項採購要素，不是只為訓練自己或公司內部的商品開發團隊而存在，而是要和合作廠商連結成一個生命共同體，一起進行的訓練。當我們為一個上千平米的文創商品空間，進行數萬種品項的商品規劃，供應這些商品的供應商，也同時和我們一起在這個過程中學習、成長。

只有養成供應鏈上、中、下游每一個環節的健康體質，才能建立一個具發展潛力、持續為顧客創造最大價值的產業鏈！

四個進貨銷售的原則把握

再來我想分享有關商品開發採購要把握的四個進貨/銷售原則。

一、以進促銷

以進貨促動銷售的原則，是要求團隊在開發商品的時候，除了進行市調，把握市場上的已知需求，還要擔任創造需求的角色，增加新商品來促進銷售。商品開發要隨時思考，當面對一個更具規模的量體時，應該怎麼做？有什麼新的資源是可以整合運用？連同供應商一起來思考，在基本的產品生命週期之上，挑戰創新需求的動能。

二、以需定進

以需定進是指根據顧客的需求來決定商品的引進。

這裡要注意，一種是參考既有銷售數據的常備品，一種是需要先做預測的季節性商品，這兩種商品要分別編列預算並執行開發採購。另外，對於新品上市的銷售預測，則要搭配行銷與宣傳的節奏，針對需求，把握進貨的質與量。

三、勤進快銷

勤於進貨、快速銷售的原則，目的在降低存貨天數，快速轉動週轉資金，提高經營經濟效益。不同類型的商品，有不同的存貨天數標準。商品開發在結構組合上，學習如

何運用資金去獲得最合理的利潤。確保穩定利潤，就可以持續進行下一批新品的開發。採購單位與資金流動息息相關，勤進快銷是資金上一個非常重要的管理，對廠商來講，也是一個完全同方向的連動關係。

四、儲存保銷

備好存貨，保持銷售。隨時追蹤銷售現狀，調整合理的庫存量，以確保商品不會斷貨。

把存貨看作是企業資產，只要懂得運用，存貨不僅能為企業創造利潤，更是能為品牌加值的要素。例如佈置文創商品時，可挑選一些具有帶動性質的商品，縱然引進後的銷售速度各有不同，但彼此帶動的效果，能達到提升銷售的目的。換個視角，就能看到存貨不同於以往的價值。

以上四項商品開發採購的進貨銷售原則，是國際上各個行業的共通採購原則。經營文創商品，一方面鼓勵開創的精神，一方面更應該做好自我訓練，嚴謹面對採購中每一個環節的基本運作。

當我們計劃將品牌引進一個新的區域經營，不是只將現有商品擺設進去就好，商品開發團隊還需要瞭解當地顧客的生活樣貌，以及市場上有那些既有資源可以合作，哪些資源需要進行開發。重新梳理架構供應鏈佈局中的商流、物流、資訊流、金流，以當地顧客為主軸，導入資源。隨著實際的參與，更深入瞭解每個在地營運的環節，加強與人、與土地的交織互動。然後再加上銷售分析的判斷，具體解讀商品結構與預設的差異之後，以更貼近顧客的需求方向進行調整。

就像誠品蘇州店的定位，是以整座美學博物館為概念進行規劃。B1設有一個「生活采集×蘇州」的區域，匯集了蘇州工藝和跨界藝術領域的產品，呈現在地人文。當初，商品開發人員啟動這個方向之後，首要工作就是研究每一個工藝的展示方式，與商品的銷售方式。當藝術品、工藝品成為商品的時候，哪些是可以量產的，如何訂定價格，如何做好顧客服務……等，都需事先瞭解並做好設定。在蘇州店，誠品將藝術工藝發展成為一個商業模式，既符合誠品的核心價值主張，也透過人文、藝術，展現了生活美學的詮釋。這是囊括空間的創意、現場顧客與職人老師互動形式的創意，更是在商品開發上的創意表現。

這個模式的完成，需要具備趨勢觀察力的團隊，他們經過前述的開發商品基本訓練，並培養整合外部文化團體、工藝老師資源的能力，如此，文創終能在這個模式上開花結果。

「一方水土、養一方人」，跨區域經營的意涵在瞭解與尊重不同的文化、不同的人、不同的思想。每個土地上生長的人，都是從自己的生命經驗出發，產出各自的文化感知，進而誕生獨特的創作。

本——章
傳授心法

・進行文創商品的開發採購，除了趨勢的觀察力，還要學習
　五項基本要素：選擇合格的供應商，在需求的時間內，以
　公平合理的價格，決定正確的數量，並確保商品／服務能
　符合品質要求。還要把握四項關於進貨和銷售的原則：以
　進促銷、以需定進、勤進快銷、儲存保銷。

・這些訓練，是蹲馬步、扎實訓練的基本功。只有在基本功
　熟練之後，才能進一步培養感性、理性兼具的能力。保有
　一顆創新和勇於嘗試的心，成為創造美好體驗的商品開發
　工作者。

第八章 文創商品的陳列美學

全球品牌設計大師馬克‧高貝（Marc Gobe）在《品牌大設計：情感設計創造人性品牌》一書中向讀者傳達了品牌設計、品牌營銷的核心觀念。作者用「品牌爵士樂」來比喻，品牌需要與文化連接，並且要能直接觸及人們的內心。品牌營銷就好像音樂，是一個整體的合作、創新、直覺和冒險。它是要激發人們內心的渴望、實現理想，鼓勵人們自由快樂地創造，享受自己的人生。在這樣輕鬆開放的心理和外界環境下，透過商品來滿足並觸動人們的需求。

所以，為顧客佈置一個具有美感的商品陳列，能完整展現商品本身的工藝價值，也可以誘發情感上的共鳴，達到品牌所要傳遞的文化品味。

文創商品的品類涵蓋廣泛，運用一個有系統的美感陳列，能讓顧客在遊逛時，自然停留在我們設定的動線、區域位置，與商品進行互動。陳列時要注意三個層次的連結，分別是店面整體的視覺定位、各區域的場所氛圍、商品的主題陳列。

視覺定位：
陳列的第一層次

以誠品松菸店為例，它位於臺北松山文創園區，園區內有1911年興建的專業捲菸工廠，後來因為都市空間規劃，菸廠停止生產，但全區的古蹟建築，製菸工廠、以及倉庫建築，都還完整保存著原先的建築風貌。

誠品松菸店的所在位置，可以眺望松菸古蹟群、中庭和景觀，為了符合文化園區既古又新的風格，規劃時盡可能保留周邊植栽，大量採用綠化牆面、打造綠露臺、綠屋頂，並透過大型落地窗連結園區的綠意。

誠品松菸店以「跨界‧實演」為定位，以發掘臺灣文創設計人才為訴求。店內陳設風格走簡單路線，傳達回歸自然與在地連結。

設計師以一艘「船」的外觀來發想建築，以船的底部為B2的天花板作設計，讓人在這裡看電影、欣賞表演的同時，多了一分置身海中仰望船底的浪漫。而置身上下扶梯的公共空間，也會讓人有身處船艙裡的空間感。整個誠品松菸店就像一艘船似的，乘載著文創品牌與人才，與全世界往來交流。

從建築外觀到內裝風格，一家店的整體視覺，是引領顧客進入體驗感受的第一步，也是建立品牌印象的起點。所以我們談商品陳列，必須從這裡開始，延續至整體視覺，來塑造獨具品牌風格的定位。

場所氛圍：
陳列的第二層次

誠品松菸店在場所規劃的定位是『現代的文創工廠』和『實演的文創平臺』。

所謂現代的文創工廠，是承繼過往松山菸廠細緻的工藝精神，開拓當代文創工廠的多元創新可能。在商場的一樓的區域，誠品邀請許多臺灣原創品牌設計師，透過主張明確的陳列，呈現細緻的工藝精神，與文化創作的深度內涵。

舉例來說，設計師葉珈伶位於誠品松菸的品牌店「CHARINYEH」，和她在其他購物中心的專櫃，有著完全不同的設計與陳列風格。在誠品松菸的這間品牌店，有工作室常見的物件錯落其中，如打版桌、人臺與剪裁工具……等。這樣的陳列源自於設計師對製作衣服的要求，設計師認為衣服的材質與版型，會影響成品的價值。透過這樣的陳列元素，希望讓走進店裡的顧客體會到製衣工藝堅持細節的內涵。

至於實演的文創平臺，則是轉化製作過程為現場實演，突破密閉複製型生產，導向展演客製化的創作。因此誠品在商場二樓的區域，企劃了各種臺灣工藝的現場體驗。

其中，在二樓的一個玻璃屋裡，有個室內玻璃吹製的體驗工作室。雖然裡面設有高達攝氏1200度的玻璃燒窯，但一場三十分鐘的體驗課程，卻是輕鬆而舒適的。你會看到，透明玻璃外總是站滿了一排又一排，不停拍照留念的遊客。

按照以往的認知，玻璃的吹製課程大多是城市外郊區的體驗活動，當我們打算將這個體驗移到市區的商場空間進行，首先就得解決高溫爐具延伸而來的安全問題，地板樓層也要設計承受大型機具的重量，玻璃屋全部使用防爆玻璃，還有巨型的排風管線排出室內的高溫空氣。除了空間本身的難題，更重要的是，讓顧客在體驗吹製玻璃時，都能和工藝老師有個流暢而舒適的互動規劃。

誠品跳脫一般百貨的陳列邏輯，以企劃式的主題詮釋，為文創陳列開創了全新思維，將文創背後的故事、創作者對作品的創意堅持，透過空間的安排、貨架的陳列為商品發聲，讓顧客在賣場體驗到更深層的文創對話。

一文創地圖一
指引，一條文創的經營路徑

設計師葉珈伶位於誠品松菸的品
牌店「CHARINYEH」，以工作
室常見的物件錯落其中，如打版
桌、人臺與剪裁工具等等。這樣
的陳列源自於設計帥對製作衣服
的要求，相信衣服的材質與版型
會影響價值。也希望讓走進店裡
的顧客能體會到製衣工藝在堅持
細節的內涵。

主題識別：
陳列的第三層次

松菸誠品，有第一家以美好生活為主題的居家生活概念店"Living Project"。 在規劃整個展示空間時，是從一個「家」的原型出發，透過客廳、書房、嬰兒房、浴室、餐廳、花園等區域分配，在各個分區推出品牌推薦與經典選品。並模擬顧客遊逛的動線邏輯，有層次的沿著動線，以說故事的方式做選品陳列，在家的溫馨氛圍中，呈現充滿故事與回憶的痕跡。接下來，讓我們從幾個面向來學習商品陳列的美感體驗。

一、佈局

佈局是商品陳列的結構。一個平面或空間的佈局，必須有邏輯結構的秩序感，有時是對稱式的古典優雅，有時是平衡為主的現代美感。

從陳列所在的空間、商品、陳列桌、陳列輔助品，以及文宣品，都必須透過佈局做整體規劃。主題平臺的陳列佈局，尤其講究商品高低、前後的陳列位置，考慮到顧客試用品的取用，包括單面或多面的陳列需求，都需要從顧客的動線思考來作陳列的安排，如此才能佈置出具有美感又便於選購的陳列設計。

二、色彩

色彩是美感最直接的第一印象。陳列時可以用同色系商品呈現群聚的美感，也可用對比色系呈現不同主題的獨特。

美國知名色彩研究與開發機構PANTONE，除了印製國際標準色卡之外，他們也提供印刷、紡織、建築及室內設計等行業在色彩使用上的專業建議。PANTONE有一群專家，透過旅行全球，來蒐集具有影響力的顏色。從2000年開始，PANTONE每年會指定一款色彩，來表達這一年全球在新聞、人類、文化、流行、建築等的時代精神，而每年所發布的年度色彩，也都會對當年的設計時尚趨勢造成重大的影響。

2019年的PANTONE年度色彩，是帶有溫暖與活力氛圍的「珊瑚橘」（PANTONE 16-1546 Living Coral）。PANTONE表示，「帶著金色底的珊瑚色調，象徵活潑積極、肯定生命，以柔和的方式帶來活力與生機。」在另一方面，「珊瑚橘」也代表活力與互動，這是PANTONE對網路世代的期望與註解。

商品陳列也可以利用色彩來表達不同的象徵意涵，比如環保風的自然色系、工業風的金屬色系……。善用色彩代表的含義，透過陳列與顧客進行溝通，另外還要記得，做好品牌識別色系與整體空間和區域定位的連結。

三、質感

質感是我們觸覺和視覺上的經驗統合。比如我們看見木質的商品，腦海自然會浮現過去觸摸木頭的溫暖感受。稍具厚度的木製品，則讓我們連想到厚實的穩定感，而覺得安心。透過累積對材料和技法這兩個元素的體驗，完成商品陳列搭配上更到位的詮釋。

就像我們看見工匠技術的手作餐具，不規則的形狀與質樸的觸感，對比細緻的骨瓷餐具搭配陳列，呈現店家在個性選品上的獨特觀點，更透過材質本身的純粹，帶領顧客反思更簡單的生活美感。

商品陳列，也是對顧客的一種品牌價值訴求。從店面整體的空間設計（佈局），到區域視覺的氛圍營造（色彩），連結到感受的累積（質感），你會發覺，商品陳列不只擁有推薦商品的功能，更是一個生活美學的養成過程。

本──章
傳授心法

- 我們以誠品松菸店為例，學習在陳列時要從整家店的視覺定位，到各個區域的場所氛圍，連結到商品主題的陳列表現。透過這三種層次的表現，一步步引領顧客感受陳列的美感，建立對品牌獨特的印象。
- 商品陳列時，可以運用佈局、色彩與質感的陳列元素，表達商品的文化內涵及創意精神。

第九章　文創商品的行銷策展

近年來，隨著文創園區和各種藝文空間的快速成立，逛展覽成為許多人在假日的休閒活動，也可在許多商場或書店裡看到展覽空間的規劃，策劃與品牌相關聯的展覽，這些都是希望透過策展創意的企劃選題，以故事化、遊戲感的企劃精神，開創觀展者不同於以往的思考面向。

藉行銷策展，傳達文創商品背後的文化特色與故事，比較好的方式是將故事立體化，創造一個大眾能親近參與的連接點。一個陳列平臺、一個展覽空間，都可以隨著季節、節慶的脈動，提出回應現代生活環境的概念，有脈絡地連結到商品的溝通。讓觀展者能在輕鬆體驗之餘，觸動獨有的生命經驗，積澱文化養分。

有的時候，一場展覽會讓你在熟悉的領域，開始反思沉澱，有的時候，一場展覽會帶你開啟另一扇通往未知領域的大門。

倫敦泰特現代美術館的館長塞洛塔（Nicholas Serota）曾說過：「策展是20%的天賦與想像力，加上80%的行政、協作與管理。你必須能夠前瞻思考、面面俱到。缺少那20%，你或許只是無法創造出成功的展覽，但若缺乏管理一檔展覽所涉及事務的能力，將會毀掉一個很棒的想法。」策展人就像導演，擔任整個製作的總指揮，從挑選劇本、角色分配、劇本演譯、藝術設計、空間配置，到進行排演、正式演出，在每個環節與跨專業的團隊密切合作。

一個策展人，得透過持續閱讀、觀展與演練，養成下列四項行銷策展能力：
‧預測的能力：收集資訊、掃描環境，建立行銷策展的預測與需求指標的能力。
‧整合的能力：整合營業、商品、會員、公關、藝文、展演各面向資源的能力。
‧詮釋的能力：詮釋品牌主張，關注發展從開發者到顧客端對內容共享的能力。
‧轉化的能力：與時俱進轉化行銷的知識及技巧，與全面行銷趨勢接軌的能力。

由此可知，除了創意之外，策展的訓練養成，更是完成一場行銷策展的重要關鍵。

接下來我們來談談策展從想法到做法的三個關鍵學習面向：策展的思維、策展的故事、以及策展的情境。

策展的思維

以2018年4月的臺灣文博會為例，除了展覽上的產業交流及商品交易之外，還希望能建構出一個有思考功能的文博會，讓參與活動的人，透過展覽內容的安排、空間的體驗，對展覽探討的議題產生興趣，得到新的啟發。

策展的主軸延續文博會所關注的「設計如何改善生活」，進一步再去探討「在文化思考路徑中尋找設計創作的可能」。要尋找這個可能，展覽從「身體」這個思維出發，因為身體是產生原創動力的管道，我們都有體會，在歷經過緊張、探索、好奇的過程後，會有不同的感受，這個時候在面對尋常事物，也會有不同的觀點。

展覽以「從身體創造」Body Knowledge為主題，規劃了幾個脈絡的佈局，透過身體／自然、身體／視覺、身體／節奏、身體／工藝、身體／時尚、身體／社會，讓觀展人能借由這些外部刺激，啟動內在感知，反芻對於原創、美學與文化的重新理解，也從體驗中，回歸感官經驗所帶來的創意啟發。

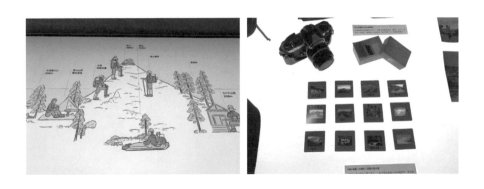

2018年4月的臺灣文博會，「從身體創造」的策展，現場三十公斤的登山背包，讓參觀者直接體驗連直接抬起都是很大的困難，更難以體會負重在空氣稀薄的雪山上，如何安全地與自己的身體平衡、與環境相處，還要進行策展的作品記錄與創作。

策展的故事

在文創產業的發展過程，「說故事」是個連接生產與顧客兩端的必要元素。在創作的藝術家或工藝老師這端，「說故事」是為了傳達理念，讓大家瞭解在原創設計與精湛技術背後，藝術家堅持創作的核心精神；而在市場這端，透過完整傳達商品背後的故事，讓顧客感受到商品所具備的文化意涵，然後加入創意成分，連結故事內容和顧客的生活經驗，引導產生共鳴，進而建立情感連結。

「從身體創造」的策展，是經由感官體驗為創意帶來啟發。其中，有個故事以「一座高山博物館」為主軸，架構人與山岳、體驗與感受、思考與創造的故事。

內容提到，臺灣小小的一個島嶼，有超過275座海拔3,000公尺以上的山岳分布，密集程度可謂世界之冠，而且風景各異，文化內涵也異常豐厚。然而，多數人對臺灣高山與大自然的想像卻接近扁平。於是策展人決定帶著團隊親自攀登雪山，設定每位攀登者都是參展人，讓他們將自己的專業和經驗，結合這次的登山歷程，任由身體的呼喚、感受，反芻結集出文字、圖像、山岳影像、聲音等的展覽內容。

我對一位採集雪地行走的參展人特別有感覺。她寫道：「四面八方都是沒人走過的雪坡，你是第一個留下足跡的人，那是自由。」「沒有前人踩出的路跡，你不用再遵循別人的步伐，可以走出自己的路線。」這樣的行走經驗和在城市裡的感受是完全不同的，也因為這樣深刻的感受，而產生了不同的生命思維。

另外有一位攝影師的參展人，他希望一如工作上的拍攝，細心對待山岳林間腳邊那些不起眼的小花草。攝影師搭起輕量化的帳篷，像對待一個受訪者一般，打燈、測光，仔細而嚴肅拍攝一朵花、一株草。「我的眼中看到作品呈現的美，心中卻反思著：『是否可以重新思考，什麼叫做值得被拍？什麼叫做美？』」

在中央展區還有一個體感坡，邀請觀展者模擬感受攀登的過程。首先讓參觀者先揹上不同重量的背包，感受登山時的負重；例如透過直接體驗30公斤登山背包的重量，讓參觀者驚覺原來30公斤是個不容易直接抬起的重量，由此聯想，揹著這樣的負重在空氣稀薄的雪山上，該如何安全取得與身體的平衡，同時進行記錄與創作的困難度。

另一個是將攀岩爪鎖在平臺上，讓參觀者模擬行走在山路時，雙腳的觸感變化，在一步步往上攀登的過程中，透過展場中的光影變化，也感受到身體在每邁出一個步伐，都與環境產生出新的創造體驗。

隨著觀展的過程，彷彿自己也跟著參展人去登了一次雪山，一路聽著他們訴說入山前的準備，行走在山路上的心情，身體在登山的過程中，是否喚醒了不同的感知、感受……這些故事化的呈現，讓參展人與參觀者創造出彼此共同或相似的經驗連結，藉此成為展覽重要的情感串聯，讓策展的內涵更能打動人心。

透過微型策展，讓遊逛在誠品行旅的旅人，在一個個Box的小空間裡有了大發現。也把人、空間、故事串連了起來。（2018年 臺北誠品行旅）

策展的情境

透過情境的安排，將場所、環境、時間、氛圍等元素，在商品與互動體驗之間，視覺化展覽的思維概念，營造觀展者深入其境的親身感受。

文博會「五感好生意」的策展，從人的五感〈視覺、聽覺、味覺、嗅覺、觸覺〉出發，將臺灣不同地區文創風景的五感感受帶入展場，提供參觀民眾一個情境完整的感動之旅。

視覺及嗅覺部分，規劃了老高雄常民日常生活的體驗。策展的文創團隊，在展館中將在地獨有的人文歷史和街頭風景帶到現場，並與香味製造工作團隊合作，將在地拆船五金行的機油味、竹編的蒸籠味，與中藥行的藥材氣味特製成香味，讓你在展場遊逛時，視覺上、嗅覺上都彷彿親身來到高雄老街區般的真實感受。

味覺及觸覺部分，由文創團隊「花蓮日日」帶來花蓮海岸山脈的新鮮野菜，將阿美族一系列野菜作為採集食譜，以葉子造型的木盤裝盤，限量供應的阿美族野菜料理，讓原民文化以更親切的形式介紹給參與的民眾。

聽覺的部分，則有攜帶式的黑膠唱機，與現場觀眾互動衍生音樂的系統，甚至還可以與自己的聲音來場即興創作。

這樣一場充滿五感體驗的情境設計，讓人們透過觀展，對文創商品的內容產生立體的體驗和認識，觀展結束後，仍可持續感受在文化創意領域，從創作者到策展人，彼此相互支持和珍惜的溫度。

2018年4月的臺灣文博會，「五感好生意」的策展，從人們的的五感出發，包含了視覺、聽覺、味覺、嗅覺、觸覺，借由連結著臺灣不同地區的文創風景，帶給參觀民眾一個情境完整的感動之旅。

北京嘉德藝術中心的首展「地標：測繪當代中國藝術」，15位
當代藝術家創作具有紀念碑特徵的大型裝置、影像和繪畫。徐
冰的《鬼打牆》、蔡國強的《蜘蛛網——為大英博物館做的計
劃》、劉建華的《義烏調查》等等。地標都是人們聚會之處，
並形成集體的記憶，透過觀展也進一步思考我們為讀者與作品
所規劃的場所，是否具有足以承載人們獨特生命價值的文化內
涵。（2018年 北京嘉德藝術中心）

本——章
傳授心法

- 行銷策展是一場精緻而深度的活動企劃，我們透過策展經營文創內容，讓顧客在熟悉的領域，得到反思的沉澱，並借由展覽內容的啟發，為他開啟通往未知領域的大門。

- 一場成功的行銷策展，關鍵在你是否確實學習掌握了展覽思維、展覽故事、以及展覽情境這三個面向的策展方式，並持續學習、成長。

第十章 文創商品的**品類經營**

AC尼爾森調查公司對品類的定義是，「確定什麼產品組成小組和類別，與消費者的感知有關，應基於對消費者需求驅動和購買行為的理解」。品牌在規劃品類的思維，不會只從商品的屬性去區分，而是從零售品牌對於顧客的需求來思考，也可以說，品類經營就是一個品牌透過產品，傳遞給顧客品牌形象與價值的相關活動。

奧美360度品牌管家：
從品牌管理看品類經營

廣告名門——奧美國際（O&M）在20世紀90年代初提出了「品牌管家」（Brand Stewardship）的概念，現在讓我們以這個概念來學習品類經營，體會品牌和品類彼此密切的關係。

奧美的360度品牌管家是一套完整的企業規劃，用以確保所有與品牌相關的活動，都能反映品牌本身獨有的核心價值及精神。簡單來說，就是將消費者對產品的感受，轉化為消費者與品牌之間的關係。

奧美在360度品牌管家中提出，累積品牌資產，要從六個方面去努力：
・產品Product：產品表現是否增強品牌內涵與價值
・形象Image：形象的好壞強弱
・視覺辨識Visual：清楚而一致的識別系統
・聲譽Goodwill：社會的認可與好感
・顧客Customer：致力於保養與建造消費者忠誠度
・通路Channel：賣場空間設計、硬體與服務

從360度品牌管家學習顧客與產品的關係，內容包括：
・顧客如何接近品類
・顧客的使用經驗
・顧客的關係和感受
・顧客的想法和態度
・顧客的需要和欲求

然後在進行品類的規劃與經營時，從為顧客創造利益的角度來思考：
・是否每一個品類與顧客的接觸點，都能達到預期的效果？
・是否每一個品類的接觸點都能做到準確的訊息傳達？
・是否每一個品類的體驗更加容易獲取？資訊更加豐富？

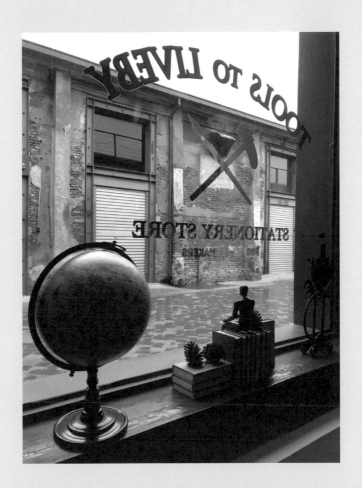

一第三步一
用商品，規劃經營的路徑

從跨領域看品類經營

無印良品在全球約有800多家店。1980年，它從家庭用品9件、食品31件開始。後來陸續增加家具、生活雜貨、文具、化妝品、服裝等品類。如今它的通路型態多樣且多元，包括開設餐廳，以品牌授權酒店經營，另外還經營房屋改造，更開始了生鮮賣場的業務。

2019年4月在東京銀座開幕的無印良品，是一家定位在「世界旗艦店」的無印良品。從大樓的地下一層，到地上十層樓的建築，幾乎提供了無印良品所有的服務和商品，其中有日本首家無印良品旅館MUJI Hotel Ginza、複合式設計文化場域「ATELIER MUJI GINZA」、與製造設計相關的展覽空間Gallery、享用咖啡與酒的Salon，陳列設計藝術相關書籍的Library，和作為舉辦活動、Workshop使用的Lounge。

這家世界旗艦店，也將推出設計工坊，為顧客提供客製化服務。設計工坊可視為MUJI Book的升級版，不只販售MUJI嚴選書籍，還提供裝訂、印刷等客製化服務，將書本加工產業，設計成個人專屬物品。另外還有刺繡服務，凡是在無印良品門市購買的布類製品，都可從提供的圖案和文字中選擇喜歡的樣式，進行刺繡，獨一無二的個人化單品，就此誕生。

銀座店的MUJI品牌面向世界時的完整詮釋，一覽無印良品一路以來的發展，所呈現給顧客的生活提案店型。我們在這個時代看見MUJI的成功，然而這個成功是MUJI勇敢挑戰跨品類經營，不斷實驗、調整的結果。

無印良品松井忠三前社長喜歡使用「理念」一詞，「所謂的『良品計劃』，即是將衣物、日用品、食品等商品統一在一個理念之下推向市場。一個理念和多種商品是我們與其他公司最大的不同。」 我們從每年無印良品的商品目錄，得到約5,000種商品的最新訊息，其中大分類及商品數大約為，家具、室內家飾、家電有2,673項商品，美容保養有802項商品，文具781項，衣料品則是764項商品。

曾經是良品計劃會長的松井忠三前社長，在他的《無印良品成功90%靠制度》一書中提到：「無印良品有一本名為"MUJIGRAM"的員工指導手冊，而店舖開發部與企劃室等總公司的業務項目也有指導手冊，我們稱之為《業務標準書》。」這兩本「指導手冊」，記載著無印良品各項工作的技巧、態度與細節，從公司的經營、商品的開發、賣場的陳列，乃至於如何接待顧客，都有著精要的說明。總計約2,000頁的"MUJIGRAM"，從頁碼數就可以想像，其內容之巨細靡遺。

無印良品這厚厚的兩本手冊，集結了眾人工作的技巧與智慧，面對多元的品類經營，從設計、生產，到供應鏈物流、賣場陳列、銷售服務，一個品類就是一個專業領域，有著各自的特點和管理難度。因此，運用系統邏輯的方法，將業務經驗轉化為「制度」，歸類出每個品類的工作方法，提高日常工作的效率，這麼一來，便有餘裕地去思考如何透過品類的經營為顧客創造新價值。

為商品注入生命，
為顧客編織夢想的品類達人

為了提供品牌核心價值的商品內容，滿足零售顧客遊逛的商品豐富感，各個品類都要做到專業化的標準。為此，採購人員必須不斷養成對該領域商品廣度與深度的認識，成為一位品類達人。

先從為顧客選品談起。以旅遊品類為例，除了旅遊書，也可以跨類以歷史、文學、攝影……做主題推薦，從旅人在旅遊過程中產生的各項需求上去架構，訴說一個關於旅行的故事。也可跨界旅遊公司，提供旅遊相關的規劃與資訊等體驗。在這個過程，品類達人就像是個為顧客編織夢想，提供實踐夢想方式的夥伴。

日本蔦屋書店代官山T-SITE，將目標消費群定位在日本團塊世代的"Preminm Age"，這個世代是二戰後第一次嬰兒潮出生的人口，在60年代開始，成為日本經濟騰飛的主力。他們擁有超過其他年齡層更多的資產，追求高質量的生活享受。針對這一群"Preminm Age"世代，蔦屋書店在書店裡置入「專家級導購」的服務。

日本蔦屋書店投入「專家級導購」服務，這些品類專家不只為讀者選書策題，也會提出該領域的觀點，延伸到生活裡的經驗與讀者分享。

「專家級導購」，由各領域的品類達人擔任，他們除負責相關領域選書，也常常出現在店內服務讀者，和讀者對話。他們擅長從單一領域的書籍內容對話，延伸至其他領域的類別，或生活的經驗分享。蔦屋書店認為這一群顧客具有較高的生活感受力與鑑別力，因此願意投資更多的時間和資源做知識的儲備。代官山蔦屋書店吸引這個世代的地方，以超越了書本上的內容，昇華到從書籍延伸而出，在這個空間裡與人的互動、彼此歲月的分享，以及閱讀所積累下來的智慧。「專家級導購」服務也延伸到其他分店，以選書活動企劃和各地的讀者互動。

位於臺北中山地下街的誠品R79「地下閱讀職人選」，是集合了誠品各領域、閱讀經驗豐富的同仁，選出具有職人觀點的好書，在全長將近300公尺的書櫃風景，每一處都值得停留、駐足與品味。

英國學者史諾（Charles P. Snow）在1959年於劍橋大學的「瑞德講座」發表了一場名為「兩種文化與科學革命」的演講。史諾的「兩種文化」指的是兩類差異甚大，且漸行漸遠的知識分子，也就是文學家與科學家，一邊是「懷舊而保守」，一邊是「膚淺而樂觀」。這樣的表述在當時引發相當多的後續討論，時至今日，擁有跨領域基本知識的人才，已成為各行各業都希望加強的部分。

由日本實業出版社編著的《學問全圖解：未來人才必備的跨領域基本知識》一書中提到，現代人需要具備的基本能力，包括「語言能力」、「數學能力」、「對網路的知識與感性」，還要有「能夠理解多元的價值觀」、「待人公正」、「不過度相信自己，常保懷疑的態度」、「能夠訂定一個公正的工作守則」的能力。總而言之，現在這個時代要求的能力就是「整合能力」和「人的基本素養」。

品類達人要自我期許，持續跨領域知識的學習，不但深耕品類的專業，更要具備跨領域基本知識的博覽。

品類達人的
CHECK POINT！

不論是聚焦單一品類的策略，或是經營多元品類的策略，考量到一個品類就是一門專業領域，因此在品類管理時，我們要為各個品類製訂符合其發展目標的管理計劃。透過品類定義、品類角色、品類分析、品類目標、品類策略、品類戰略、品類計劃和品類回顧的管理流程，定期檢視品類的體質，確保所經營的品類能確實達到目標，並有效應變市場環境的變化，滿足顧客不同的需求。

品類達人的八項能力目標：透過有系統的學習，不斷精進。
· 我對負責品類為品牌所貢獻的使命瞭解
· 我對負責品類在全球供應的貨源瞭解
· 我對負責品類在不同區域銷售的機會與限制瞭解
· 我對負責品類與跨界合作的趨勢瞭解
· 我對負責品類與其他品類的商品佔比變化瞭解
· 我對負責品類運行一段時間後，有能力提出突破性的創意及方案
· 我對負責品類銷售狀況能掌握及保持應變的準備
· 我對負責品類的指標，進銷比、存貨天數、暢銷天數能掌握管理

品類達人的十項管理面向：發展基於數據分析的經營創意。
· 上年度總體目標
· 上年度品類營收
· 上年度品類損益
· 本年度總體目標
· 本年度品類營收損益結構
· 本年度品類通路別營收損益結構
· 本年度品類經營策略及營運關鍵
· 本年度品類行銷計劃總表
· 本年度重大專案及投資項目
· 本年度組織及人才培育計劃

本——章
傳授心法

・從奧美的360度品牌管家管理學習品類經營的思維。從
無印良品學習跨品類的經營手法。

・品類經營者應是一位品類達人,學習跨領域知識,拓展
整合對顧客的服務,並持續學習品類管理能力,熟悉品
類管理的流程。

One More Step

｜再一步｜

定期更新
探索創新

第十一章　掌握商業模式，自我檢視

經營好一個品牌，就是經營好內容，包含了空間、活動與商品的內容。而其中最重要的是，要掌握經營品牌的商業模式，藉由在其中找到可以槓桿的支點，為品牌找到轉型的路徑與方法。

透過前面三個步驟的描述，讓我們對文創的經營活動有了更明確的概念，也瞭解到各個環節規劃與實作的重點。在這裡，我們將學習把各個環節緊密連結而成的商業模式，以更全觀的角度，掌握品牌發展的全局。

商業模式是什麼

商業模式是品牌營運過程的基礎架構。當品牌擁有一套清晰穩固的商業模式，面對市場環境中不斷創新與擴展，就能透過資源的善用、顧客的服務與利益的獲得，守住根本並提供養分，那麼文創的經營之路，自然會像大樹一般開枝展葉，日益茁壯。

商業模式也是品牌經營的故事。我們在經營的過程中，對顧客傳達理念，對同仁與廠商溝通對焦。在複雜的商業環境，如何用一個故事、一句話就能傳達品牌策略與目標，當我們建立了共有的思維架構，那麼在討論的過程中，就可以在同一個故事基礎上開展與聚焦，如此一來，不僅能做到溝通時間的簡化，更能幫助大家在溝通想法時，更有效地凝聚共識。這樣的思維架構，就是一個品牌的商業模式。

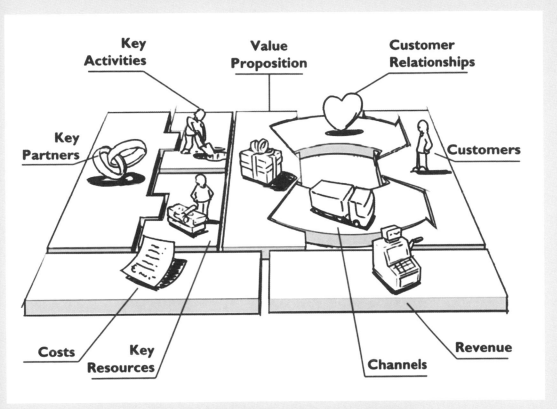

Key
Activities

Value
Proposition

Customer
Relationships

Key
Partners

Customers

Costs

Key
Resources

Channels

Revenue

商業模式地圖各構成要素之間的關係圖

商業模式地圖各構成要素之間的關係圖（取材自《獲利世代：自己動手，畫出你的商業模式》，早安財經文化出版）

透過商業模式，
釐清品牌核心價值

在進行商業模式的研究時，我引用早安財經文化出版《獲利世代：自己動手，
畫出你的商業模式》一書中，亞歷山大‧奧斯特瓦德（Alexander Osterwalder）
博士所提出的「Business Model Canvas」商業模式地圖。

其中包含描述公司或產品的價值主張、基礎設施、顧客和財務的元素。面對環
境變化探討的市場機會，用來幫助我們檢視企業現有結構，擬定調整方向。

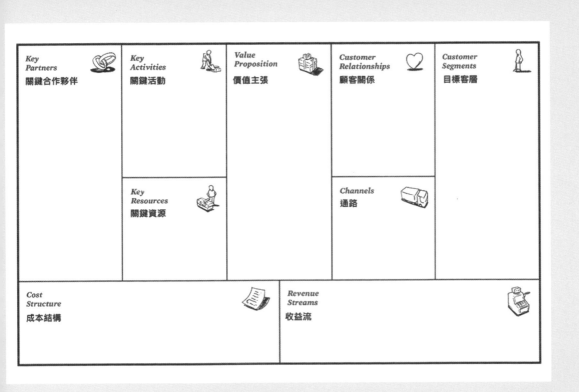

Key Partners 關鍵合作夥伴	Key Activities 關鍵活動	Value Proposition 價值主張	Customer Relationships 顧客關係	Customer Segments 目標客層
	Key Resources 關鍵資源		Channels 通路	

Cost Structure 成本結構	Revenue Streams 收益流

商業模式地圖分析架構圖

商業模式地圖分析架構圖（取材自《獲利世代：自己動手，畫出你的商業模式》，早安財經文化出版）

「Business Model Canvas」商業模式的構成要素如下：

構 成 要 素	英 文 名 詞	說　明
目標客層	Customer Segments	一個企業鎖定目標， 要接觸或服務的個人或組織群體。
價值主張	Value Proposition	可以為特定的目標客層， 創造出價值的整套產品與服務。
通路	Channels	一家公司如何和目標客層溝通、接觸， 以傳達其價值主張。
顧客關係	Customer Relationships	一家公司與特定的目標客層， 所建立起來的關係型態。
收益流	Revenue Streams	一家公司從每個客層所產生的現金。
關鍵資源	Key Resouces	讓一個商業模式運作所需的最重要資產。
關鍵活動	Key Activities	一個公司要讓其商業模式運作， 最重要的必辦事項。
關鍵合作夥伴	Key Partnerships	要讓一個商業模式運作， 所需的供應商及合作夥伴網路。
成本結構	Cost Structure	運作一個商業模式，所發生的所有成本。

面對變動的時代,全球化趨勢及科技快速進步,許多產業不再只局限於當地,加上產業界線愈趨模糊,異業同盟、生態圈產業鏈的經營模式等,各個產業不僅面對地方競爭,更面臨在全球競爭中如何保持持續創新領先的課題。

這一部分,我將以誠品為案例,透過三家定位差異的零售通路品牌研究,探討面對轉型的契機與未來發展機會。三家研究品牌分別為休閒娛樂定位的高雄大魯閣草衙道購物中心、全方位零售定位的新竹遠東巨城購物中心,及生活提案定位的日本蔦屋書店,每個品牌雖然都有各自不同的價值主張和策略方向,但借鏡學習,有機會在跨領域的文創經營模式中,看見創新的新思路。

第十二章　品牌商業模式採訪研究案例

休閒娛樂商業模式：
高雄大魯閣草衙道購物中心

大魯閣草衙道（Taroko Park）是高雄市前鎮區的大型購物中心，於2016年5月開幕，佔地2.6萬坪，建築面積達4.2萬坪，全區包括購物商場、國賓影城、健身中心、賽車主題遊樂園與飯店等。

草衙道為大魯閣集團承租高雄捷運南機廠附屬商業設施用地，投資興建的綜合型開發案。在先期開發規劃，透過大魯閣集團長期累積的休閒娛樂產業經驗，打造購物中心成為一個以體驗為訴求的休閒購物天堂，更是全世界第一座與運動設施共構的購物中心。其中最大特色是獨家取得歷年舉辦F1賽事的日本鈴鹿賽車場海外授權，將經典的8字型與立體賽道等比例縮小，打造擬真專業級卡丁車賽道。同時也引進其強調自主操控、寓教於樂的鈴鹿賽道遊樂園。此外並集結健身工廠、國賓影城、棒壘球打擊場，以及專為兒童規劃的遊戲愛樂園進駐。未來並將規劃興建飯店，目標成為全世界的旅客造訪高雄時，渡過精彩假期的首選。

大魯閣草衙道購物中心將運動、購物、餐飲整合，創造隨手可得的運動休閒的體驗。並且使運動用品品牌產生群聚效應，建立品類集中聚焦的經營特色，一站式的多品牌選購也形成購物中心的優勢。

2017年12月大魯閣實業與專注百貨商場經營的新光三越合作，出售大魯閣開發67%的股權，交割完成後同步轉讓新光三越；新光三越的加入，將投注高度的公司經營管理資源，能為購物中心增添更豐富而多元的活力。新光三越接手經營後，大魯閣仍負責鈴鹿賽道樂園、棒壘球打擊場及遊戲愛樂園等運動休閒主力店的經營，雙方也積極討論大魯閣所屬的運動休閒項目與新光三越未來在臺灣與大陸商場的合作，以先期規劃的商業模式原貌進入，由此也看到零售市場在策略合作上的趨勢變化。

關鍵合作夥伴

內部合作夥伴包含集團既有的運動休閒品牌、打擊場、籃球場、遊戲愛樂園。外部合作夥伴主要為購物中心的合作廠商。依購物中心所設定的主題，讓廠商跟著一起做創新的規劃，區隔與其他商場的特色，對應做出改變及提升，廠商與商場資源可以充分結合與共享。

關鍵活動

積極開創與商場結合具有商業價值的新營運項目。以運動休閒特色吸引來客，商場再提供多元型態商店的購物、餐飲選擇，滿足顧客。而籃球場+運動品牌的結合，這種運動與零售的共效模式，也是未來展店與其他通路差異化的優勢。

在購物中心的高樓層設置三對三鬥牛場，創造喜愛籃球運動的顧客快速產生共鳴的平臺，將運動品牌帶往高樓層，人潮也帶往高樓層消費，間接低樓層也會受惠增加人流。

大魯閣草衙道購物中心的商業模式

關鍵資源

大魯閣草衙道的關鍵資源在集團既有的經營運動休閒領域的品牌經驗，並累積對核心顧客生活經驗的瞭解。藉由經營運動休閒的品牌經驗進行商場規劃，重視顧客在空間中的迴流動線，為每一個空間量身訂做。例如把有特色的主力店項目放在後動線，在顧客遊逛的動線上安排店家，把人帶給商店，這才是主力店的價值。（如設置大聯盟售票亭、仿牛棚的拍照景點，加強情感的連結）。

成本結構

期初商場建設的重資本支出，一個保齡球館的先期投資約5,000萬元，自營遊樂園及卡丁車場館建置約7億。

營運期主要成本為場地使用費、水電費、行銷廣告費用、公司管理費、商場管理人事成本、設備成本。

顧客關係

打擊場一年約10萬的動卡會員數，各商場並有個別會員服務活動。因核心是休閒與運動體驗，所以與顧客的一對一溝通及服務十分重要，例如籃球場有專人經營管理，規劃互動性的活動比賽及教學，持續建立與顧客的黏著度。

通路

通路策略以三種規模進行規劃，大型區域30,000坪以上，置入一個強有力的主題店，商圈範圍輻射到一個小時車程。中型商場在20,000坪左右，主要為在地顧客的經營，規劃與周邊差異化的休閒內容項目。小型商場在6,000-10,000坪，為社區型購物中心。通路發展注重在地文化連結，以籃球+棒球+健身房的組合，從最強的特色發展擴店，量體項目一樣但賦予特色主題。例如臺東可規劃紅葉主題打擊場、臺南是統一獅主題打擊場，在地客群廣，接受度高，充分運用在地特色連結情感，以此主題規劃進駐商場。

價值主張

大魯閣草衙道的價值主張為注重健康與休閒，創造隨手可得的運動休閒的體驗。規劃娛樂及運動休閒的體驗項目，並延伸餐飲、零售消費，提供多元業種一站式的消費，創造電商沒有辦法滿足的消費體驗。

目標客層

大魯閣草衙道以運動休閒為主題，重視自己健康及休閒生活品質的顧客為目標客群。以集團首家高雄購物中心為例，因體驗型項目較多，客層在25~45歲，對生活品質有要求，除了健身房或戶外運動，品牌將運動休閒內容規劃在購物中心，降低從事運動休閒的門檻，全家人都可一起參與，創造更為普及的運動休閒體驗。例如打擊場，環境舒適且有基本裝備，可以不分晴雨運動揮棒，享受打擊的成就感，使運動更為容易持續進行。

收益流

收入主要兩個來源，一是自營項目的使用費收入，一是商場租金收入。自營運動休閒項目需提升顧客滿意，增加使用設施的使用費收入。商場租金收入需透過商場整體經營動能，來提升租戶的營收，才可能提升租金收入。

大魯閣草衙道購物中心的核心優勢

1. 掌握注重健康的風潮，瞭解顧客在追求健康所遇到的問題，所以創造隨手可得的運動休閒體驗，讓運動的門檻降低，從運動的環境、設施、課程、活動來規劃設計，獨特且差異化的定位可獲得顧客的關注。

2. 整合運動、購物、餐飲，透過運動服飾、運動用品品牌的聚集，產生群聚效應，建立品類集中聚焦的經營特色，讓顧客享受一站式的多品牌選購，也形成購物中心的優勢。

3. 整合集團內既有的自營品牌，建立有別於其他商場的獨特經營組合，共享資源，發揮綜效。各品牌之間透過活動互相導客，擴大顧客數，並藉此觀察開展新品牌的機會。

全方位零售商業模式：
新竹遠東巨城購物中心

遠東巨城購物中心，是遠東集團於2012年在新竹市開幕的大型購物中心，總面積達8.7萬坪，營業面積佔6.9萬坪。集團全方位結合百貨、量販、購物中心、超市及電子商務，營業據點橫跨兩岸。

遠東巨城購物中心整合集團內多元業態的資源，規劃包含綜合百貨、量販店、頂級超市、再加上結合影城、冰宮、保齡球館以及超過600個專櫃進駐，提供超過3,000個停車位，擴大對顧客更為便利的服務，是一個北臺灣全方位的休閒購物中心。「總體營運規模大型化」加上「全客戶群體服務」，將「百貨」、「量販」、「購物中心」及「超市」全方位整合，成為新一代零售體系的全新標準。

遠東巨城購物中心為顧客創造強化質感的體驗，並且滿足遊逛、休閒、社交的互動連結，有大空間的多元豐富性，同時更在許多細節處蘊含溫度。

遠東巨城購物中心在2018全年度造訪人次超過1,530萬人，業績逾116億，並在總體新竹百貨零售市場市佔超過65％。購物中心堅持高績效、獨家品牌與商品多元性的三大招商原則，特色商品組合，加上一站式的消費，吸引的人潮動能，也成為廠商進入桃竹苗的首選。2018年6月，遠東巨城購物中心將閒置多年的旅館大樓變身為創藝大樓，正式啟用1樓至4樓延伸賣場動線，也進一步擴大營業面積近2,500坪。「秉持取之於社會、用之於社會」，2018全年舉辦了近400場活動，公益活動約佔四成，成為公益與商機的最佳平臺。

遠東巨城購物中心更結合實體與線上強大的社群力，近50萬名粉絲的FB專頁，粉絲年度互動數逾200萬次，活躍度與忠誠度都為購物中心帶來更具有潛力的商機。也在數位的時代，從數據出發為顧客創造更有價值的客製化體驗。

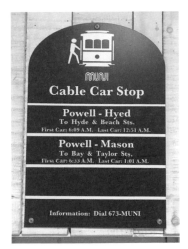

位於遠東巨城購物中心7樓的舊金山主題大街，營造懷舊復古的美式風格，木質的地板、噹噹車、海報與標示，以及漁人碼頭景觀的餐廳設計，讓來到巨城用餐的人，另有一番異國風情的體驗。

關鍵合作夥伴

集團內各關係企業是互補互助的關鍵合作夥伴。外部如縣市政府、財團法人單位、表演機構都是購物中心營運上重要的合作夥伴。

關鍵活動

購物中心關鍵活動包含引客活動、行銷販促活動、商品調整活動、以及服務的持續提升活動。購物中心一年約舉辦400場以上的活動來帶動顧客來店消費，並規劃行銷販促活動，增加顧客在購物的整體優惠及好感度。並且根據各專櫃銷售的成績，與顧客消費資料分析，進行商品調整，讓顧客到購物中心時時都呈現新鮮感。

除了商品外，在服務的精進，例如購物中心育嬰室已連續多年獲得全新竹第一名的肯定，讓更多的家長願意選擇來遊逛與消費。未來將擴增小朋友的安親與才藝班、銀髮族娛樂休閒活動，持續提升服務。

遠東巨城購物中心的商業模式

關鍵資源

「人」為最重要的關鍵資源。從開幕至今，首批團隊主管及第一層幹部向心力極強，凝聚極佳的工作默契。除人才外，集團關係企業也是重要的資源，除零售之外，還有遠東集團聯合採購中心，處理各事業體的採購作業。「遠東建築經理股份有限公司」支持建築規劃及設計、工程專案管理、營建管理、室內設計、以及開發前期規劃評估。「遠揚營造公司」承建集團內部各項工程、「全家福（股）公司」負責公司制服訂製服務。與各百貨公司交流學習，此外還有電信公司、銀行等，也都有諸多合作。

成本結構

期初商場建設的資本支出大，營運期主要成本為水電費、行銷廣告費用、公司物業管理費用、商場管理人事成本、以及設備成本。

顧客關係

遠東集團的Happy Go卡，不重複活躍卡友數逾900萬人，每年發送超過20 億點，且點數使用率超過8成，是全臺最大紅利點數平臺。並且將行動金融與紅利點數應用結合，網羅不同產業夥伴合作，拓展點數運用，持續吸引更多卡友加入。

購物中心可透過卡友的消費分析，瞭解不同消費習慣及生活型態，在溝通行銷內容寄發行銷訊息時，可以對焦更為精準的顧客群。購物中心以顧客消費總額進行分群，為不同群體進行差異化的顧客服務內容溝通。

通路

由百貨、量販、購物中心、以及超市分業種組合經營，形成大型複合型通路。不只聚焦在賣場，更重要的是必須持續規劃引客活動，對顧客提供服務。其中有3,000部機車位、3,000部汽車停車位的停車場規劃，停車量體與全新竹公共停車場的停車位幾乎相當，這也是形成購物中心成功的關鍵之一。

價值主張

全方位結合百貨、量販及精品購物中心為一體，是遠東集團發展百貨零售事業的宗旨，讓購物成為另一種品味生活的享受。以良好的商譽、穩健的經營，以及蓬勃的企圖心，發展集團事業；誠、勤、樸、慎、創新、熱情為企業經營的核心價值。

目標客層

以全客層為主，新竹商圈25-45歲為目標客層，並主力經營親子客層。以樓層規劃，對不同客群提供商品與服務。

收益流

購物中心收益為對合作廠商的抽成及租金收入。

遠東巨城購物中心的核心優勢

1. 位在公共交通便利處,並設有專屬的接駁交通工具,再加上足夠的停車位空間規劃,讓顧客完全不必擔心停車的問題。

2. 為顧客創造強化質感的體驗,並且滿足遊逛、休閒、社交的互動連結,有大空間的多元豐富性,同時更在許多細節處蘊含溫度。

3. 整合集團內部的想法和資源,運用禮券、提貨券、集點卡通用,以及共享顧客名單等資料庫,掌握顧客的生活面貌,提供客製化的商品與服務。

生活提案型書店商業模式：
日本蔦屋書店

日本蔦屋書店是日本Culture Convenience Club Co., Ltd集團（CCC事業）的生活提案型書店，其中代官山店於2011年開始營業，並入選為「世界最美的20家書店」。

社長增田宗昭於1973年創立CCC事業，當時的目標便是「世界第一的企劃公司」。「企劃」是CCC事業的核心關鍵，「企劃」是要創造人們所理解的領域之外的東西，為顧客提供未被發現的價值並將其實現。在建立TSUTAYA之前，這種綜合了音樂、電影、書籍的租賃與販賣的複合媒體店鋪是不存在的，增田社長敏銳的捕捉到新模式的必要性，並將它轉化為易於理解的方式，讓大家認知到在這家書店可以買到所有的書籍、唱片、錄影帶，很快養成了大家前來消費的習慣。

蔦屋書店名稱的由來是增田社長期許自己成為新時代的有為出版人，而選用了日本江戶時期著名的出版人蔦屋重三郎的姓氏為書店命名。三十餘年前，TSUTAYA的第一家店就是以此為名，在大阪開店營業，結合電影、音樂和書籍的綜合經營，打破了以往任何書店的經營模式，為當時的年輕人提供了一種新的生活方式。

日本蔦屋書店以生活風格提案企劃的定位，將價值主張貫穿
在空間、商品及服務的各個層面。空間如家居書房般的舒
適，讓遊逛書店成為更能使人放鬆與產生靈感的場所。

透過初期的租賃事業，CCC事業掌握了大量訊息流通的資料，顧客租回家的音樂、電影，實際上包含著豐富的訊息，與顧客的生活方式緊密相連。也代表著蔦屋書店透過訊息的解讀，提供相對應的理念，就能為顧客提供新的生活提案。

CCC事業還擁有能掌握顧客樣貌的T-CARD，2003年CCC開始發行以共通點數服務「T-POINT」為基本的「T-CARD」。T-CARD不僅能在TSUTAYA店鋪使用，還能在便利商店、加油站使用，並透過與各領域的企業合作，大大提升了T-CARD的使用率。T-CARD的會員人數約5,000萬人，佔日本總人口約46%，20多歲年輕人中，T-CARD擁有率為75%。這些數據的蒐集，對於CCC事業認識用戶群的面貌，以及瞭解用戶消費行為的特徵，有著重要的意義。

2011年，代官山蔦屋書店T-SITE成立，原本1994年之後的店鋪都以TSUTAYA作為店名，一直到在代官山的書店，重塑品牌，重新啟用漢字「蔦屋書店」的名稱，其中非常強烈的目的就是為了能夠如同當年一樣，為顧客們再一次提供一種新的生活方式的選擇。

融合了書店、咖啡、餐廳等服務的代官山蔦屋書店，延續Book and Café生活提案的概念，在區位上避開人流聚集地區，選擇了安靜的高級居住區——代官山；定位也以年輕人為目標轉變為以日本團塊世代的「Preminm Age」為目標。將推薦給這一個客層的商品以「編輯」的方式詮釋，並由精通各個品類領域的專家來擔任導購的服務。

目前在日本的蔦屋書店T-SITE已達16家店。其中2015年在二子玉川的新型態家電賣場開業，在巨大如森林建築一般的兩層次空間中，家電被分為了音樂、電影、影像、健康、移動設備、工作設備、家居、廚房、美容等主題領域，每一部分除了有專業人員擔任導購外，也有書籍搭配，「家電和書」的搭配是一次前所未有創新的嘗試。而2016年，回到創業的初始地大阪枚方市，催生了蔦屋書店「枚方T-SITE」，在大阪府枚方市開設全新的「枚方T-SITE」，結合了社區生活提案的概念，也貼近當地居民的需求，營業時間為了早起的上班族和夜歸族，調整為早上七點到凌晨一點。書店隔壁也規劃出全新旅宿Hostel「GOEN LOUNGE ＆ STAY」，為的就是滿足來往於大阪與京都之間的機動性旅客。蔦屋書店繼續創作，打造出嶄新的生活提案。

關鍵合作夥伴

與設計師、商品合作商是關鍵的合作夥伴。在書店品牌設計上，是由著名平面設計師原研哉設計，LOGO型式由TSUTAYA更新為蔦屋書店，簡潔實現了易讀的需求。書店的外觀設計綜合了全球73家設計公司的60個提案，最後由英國著名設計工作室Klein Dytham Architecture設計了精緻、低調的外觀，「T」字形的外牆與書店LOGO互相呼應，呈現簡潔的設計特色與品牌意涵。

關鍵活動

通過分析顧客消費資料，瞭解提供服務的方向。並由各領域的知名達人專家，擔任「專家級導購」，除負責相關領域圖書的選擇外，在店裡為讀者提供服務，提供相關領域的知識及資訊分享。

蔦屋書店的商業模式

關鍵資源

T-CARD的會員人數約5,000萬人，CCC事業透過與125家企業、合計約39萬家異業合作，除了本身超過1,400家的TSUTAYA，與許多商店消費都能累積點數。除了一般的點數卡之外也發行信用卡，累積的訊息分析結果，是CCC在進行諸多計劃背後的重要數據，也成為蔦屋書店能善用發展的關鍵資源。

成本結構

期初商場建設的資本支出大，營運期主要成本為商品存貨成本、水電費、商場管理費用、商場管理人事成本、以及設備成本。

顧客關係

將實體店5,800多萬T-CARD會員的資料具體分析，並針對當地的居民生活型態打造書店，並透過實體的活動策劃，讓顧客體驗生活提案的內容。

通路

蔦屋書店體系店鋪至2019年底共16家，從2011年開始的一年一店，到近幾年的一年3家店的速度展店。

價值主張

蔦屋書店以「企劃」為價值主張的核心關鍵，要創造人們理解的領域之外的東西，為顧客提供未被發現的價值並將其實現。透過實體賣場的生活風格提案，將價值主張貫穿在空間、商品及服務的各個層面，讓遊逛書店成為更能使人放鬆與產生靈感的場所。

目標客層

目標消費群體定位為日本團塊世代的「Preminm Age」，他們的特徵是指戰後第一次嬰兒潮出生的人口，約近1949年出生的一代人。從20世紀60年代開始成為日本經濟市場的主力。擁有超過其他年齡層的資產，並追求高質量的生活。

收益流

主要是銷售書籍收入，以及分租空間給其他廠商的租金收入。

日本蔦屋書店的核心優勢

1. 以生活風格提案企劃的定位，將價值主張貫穿在空間、商品及服務的各個層面。空間如家居書房般的舒適，讓遊逛書店成為更能使人放鬆與產生靈感的場所；商品以主題延伸連結，讓圖書、雜誌、音樂或生活商品，如策展般地有想法的呈現在讀者面前；以讀者為核心提供的服務，傳達有創意、全新生活方式的態度。

2. 「專家級導購」服務。這些由各領域的達人所擔任的專家們，除負責相關領域書籍的選書推薦，還常駐店中與讀者對話，從書籍內容到延伸生活方式探討的領域。透過這些交流，讀者對書店產生了信賴，書店不僅僅是販售商品的店鋪，更是人與人交換生活經驗的場所。

3. 宣傳策略。認知到實體商店就是最有效的廣告，因此不以外部媒體報導為主要的途徑，反而以低調的方式成功吸引顧客想要親自前往現場一窺全貌。同時創辦人及書店內容透過自家媒體的報導，不僅滿足了外界對書店的好奇，更重要的是能完整做到內容的把關，呈現更好的溝通品質。

借鏡學習經營策略

總結上述三家的品牌商業模式,從休閒娛樂定位的高雄大魯閣草衙道購物中心、全方位零售定位的新竹遠東巨城購物中心,以及生活提案定位的日本蔦屋書店,我們可以看到,三家品牌都有各自不同的價值主張和策略方向,尤其在善用資源、重視顧客體驗,並持續關注成為市場優勢的特點,值得我們學習。

高雄大魯閣草衙道購物中心:

以休閒娛樂為定位的購物中心,在運動與休閒娛樂領域累積顧客對品牌的信賴,並長期與運動休閒廠商的策略合作,由此建構出具有鮮明定位的通路特色。
專注於「品牌聚集」和「一站式選購」的經營特色,並且在店面策劃運動競賽,聚焦對顧客價值的累積,形成購物中心的優勢。

新竹遠東巨城購物中心:

以結合集團百貨、量販及精品購物中心為一體的全方位購物中心,是集團發展百貨零售事業的通路策略佈局。集團百貨事業的禮券、提貨券、集點卡通用,並共享顧客名單等資料庫,能在一開始掌握顧客樣貌及消費資料,有利於做商場品牌結構及行銷活動,充分發揮集團綜效的優勢。
專注於「全客層服務」和「集團資源共享」的經營特色,並對透過分析會員基本資料及消費資料,累積瞭解消費習慣及生活型態,在溝通行銷內容的對焦更為精準。

日本蔦屋書店:

以企劃為核心的生活提案型書店,雖然面對數位載體的出現,重新定義閱讀的多樣形式,但是對於閱讀與體驗的需求並沒有消失。蔦屋書店將書店空間規劃如自家書房一樣舒適,讓在書店成為放鬆與產生靈感的場所,並透過專業的導購人員,讓商品如策展般有想法的呈現在讀者面前,傳達有創意生活方式的文化場所。
專注於「文化傳遞」和「專業服務」的經營特色,並且集團會員與消費分析可加以運用,可以做到精準溝通的分眾行銷與客製化服務。

根據上述三種商業模式的探討，來思考當落實到文創經營規劃時，該如何延展屬於文創的商業模式。

由於文創產業的核心包涵了藝術文化、歷史、概念、創意、構想、故事、圖像、理論、設計等基本元素。企業探討開創富有特色的文創產品，也是因應產業轉型，希望透過文創內容的豐富性，為各產業提升附加價值。

然而，文創業者多以個人工作室或中小企業為主，從產業的觀點，各種有形、無形的文化資產若能經過適當的運用與加值，將可衍生出具有文化意涵，也有商業價值的資產。

面對全球文創消費市場需求的商機，除了透過政府資源的整合及輔導，企業也可以為文創業者找出可行的商業模式，產生商業化的效益。

第十三章

誠品 文創綜合體商業模式：

誠品為一家複合式經營的文創通路，創立於1989年，首家店在臺北市仁愛圓環，以專業人义藝術書店含括畫廊、酒窖、Café、藝文空間的經營模式，傳達實踐人文、藝術、創意融入生活的核心理念。

1999年敦南書店24小時不打烊的創新經營模式，提供民眾零時差的城市閱讀生活，並於2004年獲《時代雜誌》選為亞洲最佳書店。2005年成為臺灣第一家成功導入SAP Is-Retail ERP的零售業者，透過接軌國際標準，為集團多角化經營，奠定扎實的營運基礎。

誠品在臺灣土地的人文滋養之下，三十年以來，從一家位於臺北仁愛路圓環的小型人文藝術書店開始，逐步成為含蓋書店、畫廊、展演、商場、餐飲的文創產業整合經營平臺。2012年首度跨出臺灣，在香港開啟第一家海外據點，以多元的閱讀方式、臺灣原創的生活設計，以及融合臺灣、香港兩地的藝文展演活動，與香港民眾共同激發豐沛的文化能量，成為繁華城市中得以從容停泊的心靈港口。

一再一步一
定期更新，探索創新

2015年底開幕的蘇州店為大陸的首家旗艦店，不但結合閱讀、文化、商務、觀光、休閒、自然、住宅於一體，更延伸人文、藝術、創意融入生活的核心價值，首度跨界創作人文住宅，期盼將文化內涵帶入「人、空間與自然」的共生關係，安頓城市人的身心靈。

2019年秋季，也將跨出華人閱讀區，在日本開出首家誠品東京日本橋店。

誠品一路走來始終不變的「人文、藝術、創意、生活」核心價值，以及「與人為善、分享幸福」的創立初衷，至今擁有48個據點。在誠品30週年的文宣裡，透過一段小野洋子演唱的歌曲，誠品向大家訴說著，「一個人做的夢，就只是夢；一群人懷著同一個夢想，便是真實。」

Cause dream you dream alone is only a dream.
But dream we dream together is reality.

—Yoko Ono, Now or Never

讓春天從高雄出發

讓春天從高雄登陸
讓海峽用每一陣潮水
讓潮水用每一朵浪花
向長長的堤岸呼喊
太陽回來了
從南回歸線
春天回來了
從南中國海

讓春天從高雄登陸
這轟動南部的消息
讓木棉花的火把
用越野賽跑的速度
一路向北方傳達
讓春天從高雄出發

余光中

誠品的商業模式

價值主張：

誠品自成立以來，對「人文、藝術、創意、生活」核心價值的實踐，以及「與人為善、分享幸福、兼具內容創意」的創立初衷，由此以閱讀為核心，漸次開展擴及生活的所有面向，逐步成為含蓋書店、通路、畫廊、展演、餐旅、生活品牌、網路、物流、住宅、旅館等以文化活動為基底的複合式文創平臺。

關鍵活動：

在核心價值的前提下，「關鍵活動」是新商品的開發策展與銷售。商品是靈魂，每年誠品自全球開發10幾萬種新商品，從圖書、文具、禮品、音樂商品、兒童商品、食品、生活商品等。誠品不只是單純的書店，而是一個複合式文化場域，兼容藝術書店、專業畫廊、藝文空間、人文咖啡、以及設計商品。將文化意涵注入不同的產業和空間，每年有超過5,000場的藝文表演活動在臺灣、香港、大陸各家分店的場域發生，持續與顧客共同創作具有正能量和獨特氣質的場所精神。

關鍵資源：

而讓新商品的開發、策展與銷售這兩項關鍵活動能持續進行的「關鍵資源」，是由商品開發團隊、策展與所有門市銷售團隊、及完整的商品進銷數據分析的支持。

關鍵合作夥伴：

誠品的價值主張藉由持續的商品開發與策展銷售得以實現，其主要協助的「關鍵合作夥伴」是商品製造商、商品配送商、以及外部藝文合作單位。

通路：

誠品的「通路」包含臺灣、香港、大陸實體通路與網路通路。

目標客層：

「目標客層」是喜愛閱讀與文化創意者。

顧客關係：

顧客關係的經營，是透過空間、商品、活動傳遞品牌價值主張，通路內的空間與商品組合不但重視場所氣質和空間美學，更加投注人文關懷。尤其在信義旗艦店逾30萬種，多元品類的商品，透過書店空間，從內容發聲，讓人們在書與非書之間，體驗將人文、藝術，透過創意融入生活的美好。

收入結構：

收入是實體通路與網路通路的銷售收入所得。

成本結構：

成本為商品成本、店面租金、店面裝潢費用、店面人事費用、行銷廣告費用、運費、總公司管理費。

Key Partnerships	Key Activities	Value Proposition	Customer Relationships	Customer Segments
商品製造商 商品配送商 外部藝文單位	新商品開發、策展與銷售	人文、藝術、創意、生活 善、愛、美、終身學習	透過空間、商品、活動傳遞品牌價值主張	喜愛閱讀與文化創意者
	Key Resouces 商品開發團隊、商品銷售數據分析、策展與銷售人員		**Channels** 臺灣、香港、大陸實體通路、網路通路	

Cost Structure	Revenue Streams
商品成本、店面租金、店面裝潢費用、店面人事費用、行銷廣告費用、運費、總公司管理費	臺灣、香港、大陸實體通路銷售收入、網路通路銷售收入

誠品的商業模式地圖

建立商業模式，讓業者能有邏輯的進行自我檢視，從中察覺問題點與機會點。任何經營者都期許自己的企業能永續經營，隨著時代的變化尋求轉型及發展的機會，以更具規模的營業量體，有計劃地擴大經濟規模，增加商業的經濟效應。

探究誠品的商業模式，我們思考著，在這個變動萬千的時代，誠品如何以現今擁有的資源與強大的文化底蘊，發掘未來轉型及發展的機會。

轉型及發展的機會（一）：
集團資源整合運用策略

誠品的集團事業，含蓋了書店、商場、畫廊、展演、餐飲、旅館、房產、物流等多項事業，透過集團多角化的經營，善用並整合所有的資源，創造獨特的商業價值。而跨領域的體驗，不但改變服務過程和消費習慣，也讓消費者有機會通過消費來學習，使文化的元素，在消費過程中發揮關鍵角色。

集團多角化的經營是因企業能力與市場機會而發展的一種組合，魯梅爾特（R. P. Rumelt, 1974）指出，多角化戰略是通過結合有限的多角化的實力、技能或目標，與原來活動相關聯的新的活動方式表現出來的戰略。
多角化的實質是拓展進入新的領域，強調培植新的競爭優勢和現有領域的壯大，透過發展新品類的經營，跨行業生產經營多種多樣的產品或業務，擴大企業的生產經營範圍和市場範圍，充分利用企業的各種資源，提高經營效益，確保長期的生存與發展。

從集團整體資源的整合運用來降低進入市場的風險，形成獨特的商業組合模式，發揮集團資源運用的綜效，為文化創意產業，創造一個新的營運模式，搭建一個跨界、跨業、跨區域的舞臺，誠品提供源源不絕的資源，讓在場所裡的經營者，可以盡情展現差異。集團多元的資源是每個部門的新資源，藉此助一臂之力，既能創造有別於其他品牌的內容，還能展現整合資源及多元經營的綜效。

講堂課程的資源整合運用

講堂課程定位是知識的載體，人文的發聲，取名「講堂」，源自於古代民間興學、設立私塾的概念。講堂創辦於1997年，至今已累積逾3,000多堂課程，邀請650位以上各領域專家、學者授課，吸引超過23萬人次參加。在「延伸閱讀、深化思考、擴張領域、探索觀點」的初衷引領下，東西方思想、各家流派觀點得以平等對話。並延攬各領域專業講師授課，關懷的面向含括建築、哲學、歷史、文學、藝術、生活風格、趨勢、電影、音樂等專題，並隨著社會變遷及文化脈動持續開拓嶄新的內容，累積思想厚度。

誠品畫廊在2018年「壹加壹」林明弘個展中，邀請藝術家俞大衛與林明弘共同創
作，從日常生活出發，由俞大衛於誠品信義店挑選不同形式的物件商品，林明弘
完成陳列；透過物件之間的關係與對話，想像、勾勒用物者的樣貌與個性；如同
拼貼一幅人物肖像；並由觀者想像樣貌、年齡與個性，由不同的角色介入作品。

可將過往講堂的課程整理，做為出版及線上課程的內容。也可跨業合作，
如與旅遊、餐飲、建築、設計、風尚業發展策略合作，利用書店空間發展
各內容的組合創意，提供給顧客在空間遊逛的靈感。

電影院的資源整合運用

在人文生活中，電影是人生的縮影，生命的淬鍊，位在臺北松山文創園區的誠品松菸店，裡面規劃專為播放藝文電影為主的電影院。在松山文創園區，空間中獨有的歷史與文化氛圍，閱讀影像的語言，聆聽空間的獨白，使觀影的美好經驗無限延伸。電影院規劃有「選片、專題策展、兒童主題、院線首映」四大主題，提供國內外藝文電影、獨立製片、華文創作電影、紀錄片、以及動畫等豐富內容。

可透過四大主題軸線的規劃，在書店同步規劃專題策展，做為觀影前的宣傳，與觀影後的延伸選片、選樂，及選書的推薦。同時可規劃與影片相關的主題講座，創造與觀影者更多元的交流互動，加深主題的閱覽深度，也創造增加收益的商機。

也可以和電影院共享多元文創資源，舉辦跨界藝術策展活動，策劃專題影展，運用影廳的空間設備，合作工作坊、座談、論壇、首映會等，將文創內容透過這些活動，更深入地讓顧客接觸，以誠品深耕文化、藝術，與多元創意呈現的能力，讓內容更發光。

餐旅事業的資源整合運用

誠品餐旅事業為企業用戶建構餐廚設備，提供專業的規劃和工程服務。除此之外，更以獨有的選品能力及款待精神，發展出多元的餐飲事業，更有服務大眾消費者的酒窖事業，引進超過3,000種歐洲著名產區的紅、白葡萄酒和香檳，並且定期舉辦精緻品酒餐會和專業品酒課程。

可發展透過書店的飲食食譜區，將品酒知識及該領域的書籍、商品整合推薦，參與者一方面提升品酒的經驗並結交許多同好，一方面藉由專業品酒課程，邀請國內知名葡萄酒專家講述葡萄酒知識及品飲技巧，以傳達更正確的品酒觀念，也增加銷售商品與課程的商機。

Key Partnerships	Key Activities	Value Proposition	Customer Relationships	Customer Segments
商品製造商 商品配送商 外部藝文單位 增加： 集團展演事業、餐旅事業的資源合作	新商品開發、策展與銷售 增加： 講堂衍生周邊商品、電影延伸推薦商品、品酒會課程延伸商品	人文、藝術、創意、生活 善、愛、美、終身學習	透過空間、商品、活動傳遞品牌價值主張	喜愛閱讀與文化創意者
	Key Resouces		Channels	
	商品開發團隊、商品銷售數據分析、策展與銷售人員		臺灣、香港、大陸實體通路、網路通路	

Cost Structure	Revenue Streams
商品成本、店面租金、店面裝潢費用、店面人事費用、行銷廣告費用、運費、總公司管理費	臺灣、香港、大陸實體通路銷售收入、網路通路銷售收入 增加：商品及課程銷售收入

誠品的商業模式地圖：發展集團資源整合運用

轉型及發展的機會（二）：
文創品牌投資代理策略

文創品牌在前期規劃時，需要的協助包括：創業的第一桶金、創業輔導、業師諮詢、產品構想及後續市場發展的可行性、提供發展歷程中所需的創新研發、營運管理、政府資源輔導、品牌行銷、市場通路及跨界跨業媒合，及強化在地陪伴機制的輔導網絡等，面對各項專業領域的支持，企業要有清楚的支援體系，就能幫助新創業者縮短創業的成長學習曲線。

誠品是少數擁有如此完整事業結構的企業體，透過整合集團在資金投入、通路、行銷廣告、活動策劃、會員資源、營業輔導、供應鏈、品牌推薦、聯名、授權等專業領域，誠品可分三個階段，提供對新創業者的規劃支援。

・輔導的前期。提供不同領域的創作者在進行創意激盪時，以通路的實際市場及商品經驗給予輔導。
・實驗的中期。商品完成後，提供小型展演與展售空間，作為實驗計劃創新作品的發表場域，藉以測試市場反應。
・執行的後期。在產品順利進入市場之後，協助創業及持續精進育成，利用通路資源提供媒合及商機，以支持整體創業發展。誠品運用自有通路的優勢，開闢平臺給微型文創工作者交流、展售，一次呈現源自生活的新創造、新概念，為創業圓夢與市場溝通的重要橋樑。

除了自行發展的經營目標，誠品也可搭配社會計劃，多向拓展可能性，將文創產品帶往全球。在文化部提出的「臺灣文化生活品牌國際化計劃」，我們從「建立基礎、加值題材、在地體驗、國際輸出」四大推動策略，看到政府打造型塑文創品牌基礎循環的企圖。誠品就可藉此策略及重點計劃，透過在香港、大陸與日本的店面規劃，將臺灣文創品牌商品帶往海外銷售，並以投資或代理模式，協助文創品牌擴大市場的佈局。

Key Partnerships	Key Activities	Value Proposition	Customer Relationships	Customer Segments
商品製造商 商品配送商 外部藝文單位 增加： 新鋭新創合作夥伴	新商品開發、策展與銷售 增加： 文創代理經銷業務	人文、藝術、創意、生活 善、愛、美、終身學習	透過空間、商品、活動傳遞品牌價值主張	喜愛閱讀與文化創意者
	Key Resouces		Channels	
	商品開發團隊、商品銷售數據分析、策展與銷售人員 增加： 扶植新鋭新創模式		臺灣、香港、大陸實體通路、網路通路	

Cost Structure	Revenue Streams
商品成本、店面租金、店面裝潢費用、店面人事費用、行銷廣告費用、運費、總公司管理費 增加：投資資金及代理成本投入	臺灣、香港、大陸實體通路銷售收入 網路通路銷售收入 增加：投資利得及代理經銷收入

誠品的商業模式地圖：發展文創品牌投資代理

臺灣文創品牌充滿源源不絕的創造力,再加上政府與
企業的支持,就能夠在儲備在地經驗之後,也走向國
際拓展商機,擴大市場的佈局。

轉型及發展的機會（三）：
在地文化資源連結策略

2015年底，誠品在大陸的首家旗艦店蘇州店正式開幕。以美學生活博物館為概念，打造出5.6萬平方米，B1到3F共四層的開闊樓層。B1的「誠品生活采集×蘇州」，提出了一個創作提案，由在地人文出發，匯聚傳統工藝和跨界藝術的菁華。蘇繡、緙絲、蘇扇、核雕、木板年畫的五大傳統工藝和民間文創團體，在這樣的概念之下首次入駐商場，將積累數千年的精湛民間工藝，以手作和實演的方式接近每一位顧客，在遊逛之間開展前所未有的美好體驗。

誠品生活采集的計劃，是導入每個預計開業場域的在地工藝，邀請工藝傳承人加入創作行列，連結當地文化資源，發展當地特色文化專區。
除此之外，結合當地高校、工藝美院的師資資源，提供美學課程。運用在地文化素材，從中找出文化價值高且發展程度高的文化元素加以應用，藉以強化在地文化認同與產品發展潛力，創造產業附加價值。透過生活采集，創造一個工藝新創的生態圈，以全球化的姿態，持續創新能力。
未來，「誠品生活采集」更將成為文化交流的代表品牌，深入世界各個角落，發掘當地文化價值。

Key Partnerships	Key Activities	Value Proposition	Customer Relationships	Customer Segments
商品製造商 商品配送商 外部藝文單位 增加： 與當地文化資源連結，運用在地文化素材	新商品開發、策展與銷售 增加： 在地內容轉化為商品開發或設計的素材，發展優質內容與產品	人文、藝術、創意、生活 善、愛、美、終身學習	透過空間、商品、活動傳遞品牌價值主張	喜愛閱讀與文化創意者
	Key Resouces 商品開發團隊、商品銷售數據分析、策展與銷售人員 增加： 在地文化工作者		**Channels** 臺灣、香港、大陸實體通路、網路通路 強化： 連鎖而不複製的通路特色	

Cost Structure	Revenue Streams
商品成本、店面租金、店面裝潢費用、店面人事費用、行銷廣告費用、運費、總公司管理費	臺灣、香港、大陸實體通路銷售收入、網路通路銷售收入 增加：商品及課程銷售收入

誠品的商業模式地圖：在地文化資源連結

在誠品蘇州店籌備期間，誠品於2014年12月與蘇州東渚鎮工藝美術
行業協會合作，邀請九位工藝大師在臺北信義店展出「吳風和暢，蘇
作之美—蘇州‧東渚民間工藝珍品展」，以現代展覽形式呈現千年吳
文化，並且透過交流與對話，深入在地文化資產的學習與耕耘。

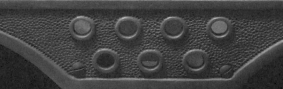

轉型與發展的機會——小結

面對銷售通路因全球化的趨勢及科技快速進步，地域與產業的界限越趨模糊，市場亦因新競爭者的進入，顛覆了傳統的銷售模式，企業唯有持續創新與資源整合，為顧客提高體驗與價值，才能在產業變化和環境的變動中永續經營。

商品是實體的，服務是無形的，而體驗是難忘的。顧客的購買體驗，就是在享受企業所提供的一連串身歷其境的體驗。

期待每個文創產業都能為每一個生命，開展出利己、利他、利眾生的美好價值。

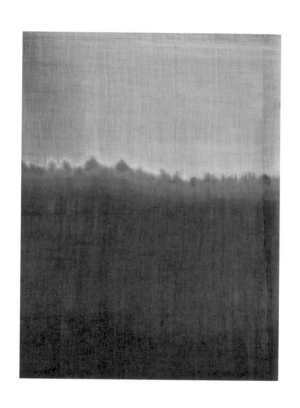

後記

文化創意產業的發展是世界各先進國家的趨勢，文創軟實力成為帶領國家經濟前進的動能。文化內容不僅可以讓文化和創意有價，更能成為文化流通和轉譯的載體，面對品牌模式的創新，與朝向國際和未來發展的前瞻性，如何將價值產值化，建構具有豐富文化及創意內涵的社會環境，運用科技與創意跨界合作來帶動美學經濟，將是充滿機會與挑戰。

透過本書的出版，將我一路以來學習的經驗與大家分享，更誠心希望能起到拋磚引玉的效果，貢獻經驗與智慧，與文創產業的夥伴們一起探索出更多適合自身企業發展創新的商業模式。

大匠誨人必以規矩，不以規矩，不能成方圓。期待您也能用於實踐，敢於實踐，學成方圓，在文創地圖中分享精彩的座標。

參考書籍與資料

書籍刊物部分

Kotler, Philip and Kevin Lane Keller等（2015），《行銷管理：亞洲觀點》，臺北：華泰文化事業，P659-686。

Osterwalder. Alexander and Yves Pigneur (2012)，《獲利世代：自己動手，畫出你的商業模式》，臺北：早安財經文化，P16-44。

Pine, B. Joseph II and James H. Gilmore（2013），《體驗經濟時代：人們正在追尋更多意義，更多感受》，臺北，經濟新潮社，P19-70。

文建會（2009），《創意臺灣——文化創意產業發展方案行動計劃98-102年》，P4-5。

茶烏龍主編 (2016)，《知日：誰是增田宗昭？只有夢想值得實現！》，中信出版社，P72-113。

陳威如和王詩一（2016），《決勝平臺時代》，臺北：
城邦文化事業-商業週刊，P42-49。

陳郁秀、林會承和方瓊瑤（2013），《文創大觀1——臺灣文創的第一堂課》，臺北，先覺出版。

Osterwalder, A., and Pigneur, Y. (2010). "Business model generation: a handbook for visionaries, game changers, and challengers. John Wiley and Sons."

Osterwalder, A., Parent, C., and Pigneur, Y. (2004). "Setting up an Ontology of Business Models." In CAiSE Workshops (3) (P319-324).

Osterwalder, A., Pigneur, Y., and Smith, A. (2009). "Business Model Generation: 470 practitioners from 45 countries." /A. Osterwalder, Y. Pigneur, A. Smith -

NY, Self published, P9.

網站部分

大魯閣集團　http://www.taroko.com.tw/

文創發展　http://www.moc.gov.tw/content_271.html

多角化經營戰略-MBA智庫　http://wiki.mbalib.com/zh-tw/多角化經營戰略

體驗營銷-MBA智庫　https://wiki.mbalib.com/zh-tw/體驗營銷

品類管理-MBA智庫　https://wiki.mbalib.com/zh-tw/品類管理

奧美360度品牌管家-MBA智庫　https://wiki.mbalib.com/zh-tw/奧美360度品牌管家

遠東巨城購物中心　http://www.fecityonline.com/BigCity

遠東集團　http://www.feg.com.tw/tw/business/business.aspx?id=4

誠品　http://www.eslitecorp.com/about/about.aspx?a=TWandl=bands=3

國家圖書館出版品預行編目(CIP)資料

文創地圖：指引,一條文創的經營路徑。 / 周鈺庭著.
-- 初版. -- 臺北市：華品文創, 2019.04
　　204面；17×23公分
　　ISBN 978-986-96633-4-2 (平裝)

　1.文化產業 2.創意 3.文化行銷

541.29　　　　　　　　　　　　　　108004939

文創地圖
指引，一條文創的經營路徑

作者　　　　周鈺庭
總經理　　　王承惠
總編輯　　　陳秋玲
企劃主編　　陳靜慧
校對　　　　周鈺庭・陳靜慧・陳秋玲
設計總監　　翁　翁
美術設計　　不倒翁視覺創意工作室
印務統籌　　張傳財
財務長　　　江美慧

出版者　　　華品文創出版股份有限公司
　　　　　　地址：100 臺北市中正區重慶南路一段57號13樓之1
　　　　　　讀者服務專線：02-2331-7103
　　　　　　讀者服務傳真：02-2331-6735
　　　　　　E-mail：service.ccpc@msa.hinet.net
總經銷　　　大和書報圖書股份有限公司
　　　　　　地址：242 新北市新莊區五工五路 2 號
　　　　　　電話：02-8990-2588
　　　　　　傳真：02-2299-7900
印刷　　　　卡樂彩色製版印刷有限公司

初版二刷　　2019年7月
定價　　　　新臺幣380元
ISBN　　　　978-986-96633-4-2